Cuidem bem de mim

Gloria Cabezuelo
Pedro Frontera

Cuidem bem de mim

As doenças infantis explicadas aos pais

Tradução
ELZA MARIA GASPAROTTO

Revisão da tradução
SILVANA COBUCCI LEITE

Revisão técnica
SERGIO HENRIQUE SPALTER

SÃO PAULO 2013

Esta obra foi publicada originalmente em espanhol com o título
CUÍDAME MUCHO
por Ediciones Paidós Ibérica, S.A.
Copyright © 2006 Paidós Ibérica S.A.
Copyright © 2013, Editora WMF Martins Fontes Ltda.,
São Paulo, para a presente edição.

1ª edição 2013

Tradução
ELZA MARIA GASPAROTTO

Revisão da tradução
Silvana Cobucci Leite
Revisão técnica
Sergio Henrique Spalter
Acompanhamento editorial
Luzia Aparecida dos Santos
Revisões gráficas
Ana Lima Cecílio
Helena Guimarães Bittencourt
Edição de arte
Katia Harumi Terasaka
Produção gráfica
Geraldo Alves
Paginação
Studio 3 Desenvolvimento Editorial

Dados Internacionais de Catalogação na Publicação (CIP)
(Câmara Brasileira do Livro, SP, Brasil)

Cabezuelo, Gloria
   Cuidem bem de mim : as doenças infantis explicadas aos pais / Gloria Cabezuelo, Pedro Frontera ; tradução Elza Maria Gasparotto ; revisão da tradução Silvana Cobucci Leite ; revisão técnica Sergio Henrique Spalter. – São Paulo : Editora WMF Martins Fontes, 2013.

Título original: Cuídame mucho.
ISBN 978-85-7827-666-9

1. Crianças – Doenças – Obras de divulgação 2. Crianças – Saúde e higiene – Obras de divulgação I. Frontera, Pedro. II. Título.

13-02339   CDD-613.0432

Índices para catálogo sistemático:
1. Doenças infantis : Obras de divulgação :
Promoção da saúde   613.0432

Todos os direitos desta edição reservados à
Editora WMF Martins Fontes Ltda.
Rua Prof. Laerte Ramos de Carvalho, 133 01325.030 São Paulo SP Brasil
Tel. (11) 3293.8150 Fax (11) 3101.1042
e-mail: info@wmfmartinsfontes.com.br http://www.wmfmartinsfontes.com.br

Sumário

Introdução XV

Primeira parte
PROBLEMAS MAIS FREQUENTES

1. Choro 3
   O choro do bebê 3
   O que é a cólica do lactente? 4
   Por que ocorre a cólica do lactente? 5
   A cólica do lactente é normal? 6
   O que fazer em caso de cólica do lactente? 6
   O choro da criança 8
   Choro por doença 9
2. Febre 10
   Temperatura normal 10
   O que é febre? 10
   Como se deve medir a temperatura? 11
   Graus de febre 12
   Febre alta 13
   Quais são as causas mais frequentes de febre? .. 15

Quando a febre é preocupante?.......................... 16
3. Vômitos.. 18
   Regurgitação não é vômito................................ 18
   Vômito provocado.. 20
   Vômito com catarro.. 20
   Vômito alimentar isolado.................................. 21
   Vômitos com dor abdominal............................ 22
   Vômitos repetitivos... 23
   Vômito grave... 24
4. Diarreia... 26
   Evacuações normais... 26
   O que é diarreia?... 28
   Quais são as causas da diarreia?...................... 28
   Como se transmite a diarreia?.......................... 29
   O que fazer em caso de diarreia?..................... 30
   Dieta durante a diarreia.................................... 32
   O que não se deve fazer em caso de diarreia?... 33
   Sinais de alerta durante a diarreia................... 34
5. Prisão de ventre.. 35
   O que é prisão de ventre?.................................. 35
   Causas da prisão de ventre............................... 36
   Sintomas da prisão de ventre........................... 38
   Prevenção da prisão de ventre......................... 39
   Tratamento da prisão de ventre....................... 42
   Sinais de alerta na prisão de ventre................. 43
6. Dor abdominal... 45
   Quais são as dores abdominais preocupantes?... 45
   Dor abdominal da criança pequena................ 47
   Apendicite aguda... 48

O que fazer e o que não fazer em caso de dor abdominal aguda 50
Quando se deve consultar o médico com urgência? 51
Dor abdominal crônica 52
7. Convulsão febril 54
O que é convulsão? 54
O que é convulsão febril? 55
Por que as convulsões febris ocorrem? 56
O que fazer em caso de convulsão febril? 57
Quais as consequências das convulsões febris? 59
Quando é necessário o atendimento urgente? .. 60
As convulsões febris podem ser prevenidas? 60
8. Dor de cabeça 62
Dor de cabeça com febre 62
Dor de cabeça sem febre 63
Sinais de alerta em caso de dor de cabeça 67
9. Inchaços 68
Hérnias 68
Gânglios ou adenopatias 70
O que fazer no caso de adenopatias? 72
10. Enurese 73
Controle dos esfíncteres 73
Retirada da fralda 74
Enurese noturna 76
Tratar ou não tratar a enurese? 77
Tratamento da enurese 78
11. Tosse 80
O reflexo da tosse 80
Causas da tosse aguda 81

Causas da tosse crônica 83
Como distinguir os tipos de tosse? 83
Tratamento da tosse 84
Quando se deve consultar o médico com urgência? 85
12. Vertigens e desmaios 87
Por que ocorrem os desmaios? 87
Características do desmaio 89
O que fazer em caso de desmaio? 89
13. Transtornos do sono 91
Quantas horas as crianças devem dormir? 91
Como se ensina a dormir? 93
O que é insônia? 95
Como se deve tratar a insônia? 95
Pesadelos e parasonias 97
14. Outros problemas 100
Dentição 100
Crises de perda de fôlego 105
Fimose 107

Segunda parte
DOENÇAS MAIS FREQUENTES

15. A criança hiperativa 111
Como se manifesta o transtorno de hiperatividade? 111
Qual é a causa da hiperatividade? 113
Qual é a consequência da hiperatividade? 113
Qual é o tratamento da hiperatividade? 114
Regras de convivência com a criança hiperativa 115

16. Adenoides grandes 117
    O que é hipertrofia de adenoides? 117
    Que sintomas as adenoides grandes ocasionam? 118
    Qual é o tratamento da hipertrofia de adenoides? 119
17. Asma 121
    O que é asma? 121
    Por que ocorre a asma? 122
    Quando suspeitar de asma? 124
    Como confirmar que a criança tem asma? 125
    Como tratar da asma? 125
    Como usar os inaladores? 127
    Quais são as consequências da asma? 128
    Quando consultar o médico com urgência? 129
18. Bronquiolite 130
    Como se origina a bronquiolite? 130
    Quais são os sintomas de bronquiolite? 131
    O que fazer em caso de bronquiolite? 131
    Quais são os sinais de gravidade da bronquiolite? 132
    A internação hospitalar por bronquiolite 133
    Pode-se prevenir a bronquiolite? 134
    A bronquiolite deixa algum resquício? 135
19. Diabetes infantil 137
    O que é e como age a insulina? 137
    O que acontece quando não há insulina? 139
    Por que ocorre o diabetes? 140
    Quais são as manifestações do diabetes? 141
    O que deve ser feito quando o diabetes for confirmado? 143
    Tipos de insulina 144
    Fatores que modificam a ação da insulina 146

Como usar a insulina?... 147
As misturas de insulina... 149
Onde injetar a insulina?... 150
Protocolos de tratamento com insulina.............. 151
O autocontrole do diabetes 154
Que glicemias devem ser obtidas?...................... 155
Quando se deve medir a glicemia?..................... 155
Como e quando fazer exames de urina?............ 157
Alimentação da criança diabética........................ 158
Exercício físico do diabético................................. 162
Ajuste das doses de insulina................................ 164
Complicações agudas: cetose e cetonúria.......... 165
Complicações agudas: hipoglicemia 167
Precauções do diabético em viagens e férias 170
20. Doença celíaca 172
O que é doença celíaca?.. 172
Como ocorre a doença celíaca?............................ 174
Pode-se prevenir a doença celíaca?..................... 174
Quais são os sintomas da doença celíaca?......... 175
Como se diagnostica a doença celíaca?.............. 177
Qual é o tratamento da doença celíaca? 178
Alimentos sem glúten (permitidos aos celíacos).. 179
Alimentos com glúten (proibidos aos celíacos) . 180
21. Epilepsia 181
O que é epilepsia? 181
Crises epilépticas parciais 182
Crises epilépticas generalizadas 183
Aura epiléptica e estado epiléptico 186
O que desencadeia as crises epilépticas? 188
Qual é a causa da epilepsia?................................. 188

Como se diagnostica a epilepsia? 190
O que é o eletroencefalograma? 191
Tratamento com medicamentos antiepilépticos .. 192
Níveis e doses de medicamentos antiepilépticos .. 193
Administração da medicação 194
Vida diária do epiléptico 195
Prognóstico da epilepsia 197
22. Exantemas na pele 198
Eritema infeccioso ou "quinta doença" 198
Exantema súbito ou "sexta doença" 199
Escarlatina 200
23. Faringoamigdalite 203
Quais são as causas da faringoamigdalite? 203
Quais são os sintomas da faringoamigdalite? ... 204
Qual é o tratamento das faringoamigdalites? 204
Amigdalites de repetição 205
24. Hepatite 207
Quais são as causas da hepatite? 207
Hepatite A 208
Hepatite B 208
Quais são os sintomas da hepatite? 209
Qual é o tratamento da hepatite? 211
Como se pode prevenir a hepatite? 211
25. Infecção urinária 214
Qual é a causa da infecção urinária? 214
Quais são os sintomas da infecção urinária? 215
Como se diagnostica a infecção urinária? 216
Como tratar da infecção urinária? 217
É possível prevenir as infecções urinárias? 218

26. Laringite (crupe) 220
   O que é a laringite? 220
   Como identificar a laringite? 221
   O que fazer em caso de laringite leve? 222
   O que fazer em caso de laringite grave? 222
   O que não fazer em caso de laringite? 223
   Pode-se prevenir a laringite? 224
27. Meningite 225
   O que é a meningite? 225
   Como ocorre a meningite? 227
   Quem está mais exposto a ter meningite? 228
   Como identificar a meningite? 228
   O que é a septicemia meningocócica? 229
   Como confirmar o diagnóstico de meningite? .. 230
   Qual é o tratamento da meningite? 231
   Pode-se prevenir a meningite? 233
   Que vacinas protegem contra a meningite? 234
28. Otite 235
   O que é otite externa? 235
   O que é otite média e qual é sua causa? 237
   Quais são os sintomas da otite média? 238
   O que fazer em caso de otite? 239
   O que não deve ser feito em caso de otite? 240
   Quais são as complicações da otite? 240
   Pode-se prevenir a otite média? 241
29. Parasitas intestinais 242
   O que são giárdias? 242
   O que são oxiúros? 243
   Conselhos práticos em caso de oxiúros 244

30. Pneumonia 246
　Qual é a causa da pneumonia? 246
　Como se adquire pneumonia? 247
　Quais são os sintomas da pneumonia? 248
　Como se diagnostica a pneumonia? 249
　Como tratar da pneumonia? 250
　Quais são as complicações da pneumonia? ... 251
　O que se deve observar em caso de pneumonia? 252
31. Resfriado comum 253
　Por que ocorrem os resfriados? 253
　Como identificar o resfriado? 254
　O que fazer em caso de resfriado? 255
　Como podem ser detectadas as complicações? ... 256
　É possível prevenir os resfriados? 256
32. Varicela 258
　O que é varicela e quais são seus sintomas? ... 258
　Como se adquire varicela? 259
　Qual é o tratamento da varicela? 260
　Como prevenir a varicela? 260

Terceira parte
GUIA DE SAÚDE DA CRIANÇA

Cuidados com o recém-nascido 265
O comportamento do recém-nascido 266
Cuidados com o coto umbilical 267
Banho e higiene 268
Cuidados com a pele do bebê 268
Quarto 269
Posição para dormir 270

Aleitamento materno, o melhor alimento para o bebê 270
Qual deve ser a alimentação durante o primeiro ano? 273
A alimentação da criança pré-escolar e da escolar 275
Cardápios saudáveis para crianças e adolescentes 278
Prevenção da obesidade 280
Qual é o desenvolvimento motor normal? 283
Desenvolvimento da linguagem.......................... 287
Qual é o desenvolvimento social normal? 289
Socializar e educar 289
De que sapatos a criança precisa?....................... 291
As crianças e a televisão.. 292
As crianças e a natação 295
Ciúme entre irmãos.. 297
Birras 300
Como evitar os acidentes domésticos? 303
Vacinações 307

Índice analítico.. 317

Introdução

Quando uma criança adoece, os pais costumam ficar preocupados e se angustiam se os sintomas são alarmantes. Eles não sabem ao certo o que deve ser feito e têm medo de fazer algo inadequado. Este livro foi escrito para orientar os pais e ajudá-los a entender os problemas e as doenças mais frequentes de seus filhos. Tentamos redigir um guia prático, para agir corretamente quando a criança apresenta sintomas de alguma doença. Os problemas mais comuns são descritos em uma linguagem simples, o significado dos termos médicos é explicado e, sobretudo, indica-se a atitude adequada em cada caso.

O livro não pretende substituir a consulta ao pediatra. Pelo contrário, indica se essa consulta é urgente ou se pode ser adiada por ser possível controlar a situação com medidas simples. Cuidar de crianças é uma tarefa complexa, que se aprende com a prática, mas que requer a ajuda dos profissionais da saúde.

PRIMEIRA PARTE

Problemas mais frequentes

1

Choro

O choro frequente é comum nas crianças e sobretudo nos lactentes. O problema é que, embora seja quase sempre uma manifestação normal, uma forma de expressão do bebê, em certas circunstâncias (felizmente muito poucas) indica a existência de uma dor ou o começo de uma doença. Por esse motivo, os pais, mesmo experientes, sempre se perguntam se o choro de seu filho é "normal" ou se deve ser motivo de preocupação e exigir alguma providência.

Muitas mães aprendem logo a conhecer seu filho e sabem, pela intensidade ou pelo tom do choro, se ele chora de fome, sono, se sente alguma dor etc.

Este capítulo traz orientações sobre os diferentes tipos de choro, suas causas e sobre o que deve ser feito em cada caso.

O choro do bebê

O choro é muito frequente nos primeiros meses de vida porque é a única maneira que o bebê tem de se comunicar com os pais e com o mundo exterior. O bebê descansa e dorme quando está confortável e satisfeito e chora intensamente quando não está. Chora quando tem fome ou sede, quando sente frio ou calor, quando a roupa está apertando, quando a fralda fica molhada ou o bumbum assado, quando tem mal-estar ou gases pela digestão e quando sente sono.

O choro por fome ou por sede é muito intenso, mas se acalma imediatamente quando o bebê começa a mamar ou a tomar a mamadeira.

O choro por sono é acompanhado de inquietação. O bebê fica incomodado com o barulho, a luz e todos os estímulos que o impedem de dormir.

O choro por problemas da digestão ou por gases costuma ser intermitente, isto é, aparece e desaparece de repente porque os contínuos movimentos intestinais fazem com que os gases que incomodam o bebê mudem de localização. Uma causa frequente de choro é a cólica do lactente.

O que é a cólica do lactente?

Também é chamada "cólica vespertina", por ser mais intensa à tarde, ou "cólica dos 3 meses", por ser mais frequente em torno dessa idade. Consiste em algumas crises de choro intenso e duradouro que aparece em muitas crianças em uma idade bem concreta, repete-se durante vários dias e não cede com nenhum tratamento.

A cólica do lactente tem algumas características típicas quanto à idade de início, ao horário em que se apresenta e à idade de desaparecimento. Começa habitualmente quando a criança tem entre 2 semanas e 1 mês de idade. Costuma ser mais intensa entre os 2 e os 3 meses e desaparece entre os 3 e os 4 meses.

A crise de cólica do lactente geralmente começa no final da tarde. O bebê chora intensamente, às vezes durante horas. Seu rosto fica avermelhado, o abdome retesado e as pernas flexionadas. Todas as manobras para cessar o choro costumam ser inúteis, embora algumas vezes o bebê melhore quando evacua ou solta os gases. As crises de cólica do lactente podem angustiar os pais, e são muito frequentes as consultas ao pediatra por esse motivo.

Por que ocorre a cólica do lactente?

Não se sabe ao certo por que ocorre a cólica do lactente, mas são conhecidos alguns fatores que a favorecem:

a) *Alimentação excessiva*: as crianças "muito comilonas", que aumentam muito de peso e têm "digestões difíceis" estão mais expostas à cólica do lactente.

b) *Aerofagia*: engolir ar demais nas mamadas, assim como a prisão de ventre, fazer cocô duro e em pouca quantidade favorecem a cólica.

c) *Ambiente familiar*: o bebê percebe o ambiente pouco relaxado, tenso, com pais ansiosos que sofrem com o choro da criança, e então ocorre um círculo vicioso que o torna mais irritado e o faz chorar ainda mais.

É difícil evitar a inquietação familiar, já que os pais acham que a criança está doente e não podem deixar de ficar nervosos. O choro persistente provoca nos pais sensações de impotência, de desespero e até de raiva. É preciso evitá-las a qualquer custo, porque está demonstrado que essas reações negativas aumentam a duração do episódio de choro.

A cólica do lactente é normal?

A cólica do lactente é considerada normal; ou seja, trata-se de um transtorno, não de uma doença, não só porque afeta muitas crianças, mas principalmente porque, nos intervalos ou ao final da crise, o bebê fica bem, contente, além de se alimentar e aumentar bem de peso.

O essencial para considerar normal a cólica do lactente é não haver nenhum outro sintoma de doença. Não há febre, vômitos, diarreia, nem nenhuma outra alteração. O bebê se alimenta e aumenta bem de peso, apesar das crises. As crises de choro que ocorrem a partir dos 5-6 meses de idade ou vêm acompanhadas de qualquer outra alteração não são cólicas do lactente.

O que fazer em caso de cólica do lactente?

Não há nenhum tratamento efetivo para a cólica do lactente. Apesar disso, os pais podem ajudar muito a diminuir a intensidade e os incômodos da cólica:

a) *Diminuir a tensão e a ansiedade*: a ansiedade é transmitida ao bebê, tornando-o mais irrequieto. É essencial entender que a cólica do lactente é muito incômoda, mas não é prejudicial. O bebê está saudável, não sofre de nenhuma doença e esse transtorno passageiro não tem soluções mágicas.

Para diminuir a pressão psicológica que os pais sofrem durante as crises de choro, é necessária a compreensão, e também a ajuda, tanto do ambiente familiar como do pediatra. Os pais devem se revezar no atendimento do bebê para suportar melhor a crise. Um familiar que tome conta do bebê durante algumas horas pode permitir o descanso dos pais. Um contato frequente com o pediatra serve de apoio psicológico, ao mesmo tempo que se previne o aparecimento de sinais de doença orgânica.

b) *Diminuir a aerofagia*: para reduzir os gases acumulados no intestino, deve-se tentar fazer com que o bebê não engula ar nas mamadas seguindo estas medidas:

- Se tomar leite materno, é preciso verificar se a posição em que pega o peito é a correta. Todo o bico do peito e parte da aréola devem estar dentro da boca do bebê. É preciso fazer pausas entre as mamadas e depois delas para ajudá-lo a arrotar.
- Se tomar mamadeira, esta deve ser mantida em posição quase vertical para que o ar fique fora do bico. Se a criança engole com avidez, depressa demais, é preciso fazer pausas breves para diminuir o ritmo da mamada. Também convém verificar a quantidade da mamada, caso seja excessiva.

Não se deve deitar o bebê imediatamente depois da mamada. É preciso segurá-lo um bom tempo em posição vertical, encostado no ombro ou sentado no colo, para que consiga arrotar.

O choro da criança

Quando a criança começa a andar, aumentam as possibilidades de quedas, batidas e pequenos traumatismos que provocam dor, levando-a a chorar. Convém procurar pequenos arranhões e hematomas que possam ser a causa da dor, enquanto se consola a criança, pegando-a no colo e acariciando-a.

Um traumatismo muito frequente é a chamada "pronação dolorosa". Ocorre por estiramento do braço, às vezes simplesmente por segurar a mão da criança enquanto ela faz força para o outro lado. Trata-se de uma pequena luxação no osso do cotovelo. O que a caracteriza é que a criança chora porque sente dor, além de não conseguir mexer o braço afetado. É fácil perceber o que acontece se observarmos que a mobilidade dos dois braços é desigual. O tratamento é bem simples: consiste em reduzir a luxação (mas é um médico quem deve fazer isso).

As crianças podem chorar à noite por pesadelos, terrores noturnos ou simplesmente medo de ficar sozinhas. Algumas precisam da presença dos pais e só voltam a dormir se têm certeza de que estão acompanhadas.

O choro da criança pode ser uma maneira de chamar a atenção para que lhe deem importância e a mimem. A criança precisa de carinho, beijos, cuidado e atenção frequentes dos pais. É normal chorar para receber atenção. A criança necessita de contato físico e brincadeira. Os pais devem suprir essas necessidades, pois assim aumentam a afetividade e a união, desde que não sejam exageradas e os tiranizem constantemente. As crianças maiores precisam ser amadas, mas também devem aprender a respeitar o tempo e as tarefas dos pais e a se divertir sozinhas. O ritmo com que a criança deve ser acostumada depende de cada pai. Muitos consideram quase impossível não atender a criança que chora, mas devem começar a fazer isso mais cedo ou mais tarde, embora sempre aos poucos.

Choro por doença

O choro da criança também pode ser decorrente de uma doença que provoca dor ou mal-estar. O choro por doença dificilmente aparece sozinho, sem nenhum outro sinal que indique que a criança está doente. É acompanhado de febre (com mais frequência), vômitos, diarreia, tosse, abatimento etc.

É importante observar cuidadosamente a criança para detectar sintomas de doença capazes de indicar sua origem.

Deve-se consultar o pediatra quando, além do choro, aparecer algum sinal anormal como os mencionados.

2

Febre

Temperatura normal

A temperatura normal não é constante, nem na criança nem no adulto. Varia ao longo do dia, no chamado ritmo circadiano. A temperatura corporal é mais baixa de manhã e aumenta normalmente ao final da tarde com diferenças de cerca de um grau.

A temperatura corporal normal varia entre 36 °C e 37,5 °C.

O que é febre?

A febre é uma resposta do organismo a alguma alteração, na maioria das vezes decorrente de uma infecção. Essa resposta é benéfica porque significa que o organismo está lutando contra a infecção. A febre é um mecanismo de defesa e, portanto, tem um lado positivo e favorável. Ao mesmo tempo, serve de sinal de alerta para a existência de algum transtorno corporal.

Muitas mães ficam com medo de que seus filhos tenham febre. Não é preciso ter medo, já que raramente ela é prejudicial. Um dos poucos efeitos nocivos da febre é que ela pode desencadear uma convulsão febril nas crianças predispostas a tê-la, como será explicado no capítulo 7.

Como se deve medir a temperatura?

Pode-se medir a temperatura com diferentes tipos de termômetro (de mercúrio ou digitais), e no reto, na virilha, na axila, na boca etc.

No lactente, a criança com menos de 1 ano, deve-se medir a temperatura sempre no reto, desta forma:
a) Colocar o lactente deitado de barriga para cima, com as pernas abertas, como quando se troca a fralda.
b) Passar um pouco de vaselina ou creme lubrificante no ânus.
c) Introduzir no ânus apenas a parte do mercúrio, durante pelo menos três minutos. Segurar o termômetro com uma das mãos e a criança com a outra, para impedi-la de se movimentar e evitar a ocorrência de lesões.

Na criança maior, pode-se medir a temperatura na virilha ou na axila. O termômetro clássico de mercúrio deve permanecer em contato contínuo com a pele durante pelo menos quatro minutos. Os termômetros digitais são mais rápidos.

A partir dos 7 anos, pode-se medir a temperatura na boca, debaixo da língua.

Há termômetros para medir a temperatura na orelha, mas não são exatos e, portanto, não são aconselháveis.

Só há febre quando a temperatura corporal for maior que 38 °C. Na axila e na virilha é considerada normal uma temperatura de até 37,5 °C. Se a criança tiver entre 37,5 °C e 38 °C, trata-se de "febrícula". No reto, considera-se normal uma temperatura de até 38 °C, isto é, meio grau a mais que na axila ou na virilha.

Graus de febre

A febre tem diferentes significados de acordo com o grau. Febres altas, de mais de 39 °C, podem ser um importante sinal de doença, enquanto febres baixas raras vezes vêm associadas a um problema grave.

Se a febre for baixa, não é preciso se preocupar, e devem ser tomadas as seguintes providências:

a) Verificar se a criança não está excessivamente vestida em relação à temperatura ambiente. O lactente, em especial, pode ter "febres por excesso de roupas" ou por calor, seja por estar agasalhado demais ou porque a temperatura do quarto é muito alta. Deve-se deixar a criança de camiseta, com o quarto a 22-23 °C.

b) Averiguar se a criança não tem sede. Os lactentes, sobretudo, podem ter "febres por sede", por não terem recebido a quantidade de água necessária, especialmente no verão. A criança deve receber água em pequenas doses e com frequência.

c) Verificar se a criança não tem nenhum outro sinal de doença como catarro, tosse, vômitos, diarreia, erupções na pele etc. Se, além da febre, surgir algum outro sinal anormal, como os indicados, é bem provável que uma doença esteja começando e convém consultar o pediatra.

Se a febre for de poucos graus, não é recomendável dar nenhuma medicação para abaixá-la (antipirética). A criança deve continuar com sua vida habitual, embora seja preciso observá-la atentamente enquanto a febre persistir, para detectar qualquer outro sinal anormal.

Febre alta

A febre alta, a partir de 39 °C, pode ser um importante sinal de doença, por isso sempre é preciso consultar o pediatra. No entanto, enquanto não for realizada essa consulta, deve-se tomar uma série de providências:

a) Observar a criança para verificar se ela não apresenta algum outro sinal de doença como vômitos, tosse, dificuldade para respirar, erupções na pele, movimentos anormais etc.

b) Tirar a roupa dela e deixá-la despida ou de camiseta em um cômodo que não seja quente, a uma temperatura de 22-23 °C.

c) Dar água em pequenas doses, mas com frequência, para que fique bem hidratada.

d) Dar uma dose de medicamento antipirético. Lactentes e crianças não devem tomar ácido acetilsalicílico (AAS). São recomendados apenas dois tipos de medicamento antipirético: o paracetamol e o ibuprofeno, ambos com eficácia semelhante. Deve-se dar à criança um ou outro (não os dois juntos) e nas doses recomendadas, nunca maiores ou com mais frequência, já que podem causar intoxicação.

Depois de administrar o medicamento antipirético, pode-se ajudar a abaixar a febre dando um banho de água morna na criança, a uma temperatura de cerca de 32 °C. No entanto, é preciso esperar meia hora depois da administração do antipirético e não devem ser dados banhos de água fria. Por outro lado, as compressas na testa são pouco eficazes, mas, se forem aplicadas, a temperatura da água também deverá ser morna. O que não devemos fazer nesses casos é aplicar compressas frias ou com gelo, nem compressas de álcool, e tampouco esfregar a pele da criança com esse líquido.

O banho com água morna pode durar tanto quanto se queira, se a criança se sentir confortável, ou ser repetido várias vezes.

Quando as crianças têm febre, costumam perder totalmente o apetite. Isso é normal, já que o organismo está alterado. Nunca se deve forçar a criança a comer, muito menos durante o episódio de febre. Se ela for forçada a comer, é comum que vomite, fazendo a situação piorar.

Muito mais importante que oferecer comida à criança é fazer com que ela beba, já que com a febre perde-se água pela transpiração. Deve-se dar a ela líquidos em pequenas quantidades. A criança deve tomar o tanto que quiser, mas em pequenas doses e com frequência, para que os tolere e não vomite. Ela pode beber água, sucos de frutas diluídos e até leite.

Quais são as causas mais frequentes de febre?

Nas crianças, as causas mais frequentes de febre são as infecções. Elas costumam apresentar muito mais infecções que os adultos porque suas defesas ainda não estão completamente desenvolvidas e, portanto, são mais sensíveis. As infecções mais habituais das crianças são as do sistema respiratório (nariz, garganta, brônquios e pulmões). Felizmente, a maioria é leve e algumas se curam por si sós, até mesmo sem ajuda de medicamentos. As mais comuns são os resfriados virais, chamados infecções respiratórias superiores, que, além de febre, costumam ser acompanhados de catarro e tosse. A criança fica abatida quando está no auge da febre, mas, quando esta abaixa, apresenta bom estado geral e tem até vontade de brincar. Muitas infecções respiratórias, embora durem vários dias, são autolimitadas, isto é, evoluem espontaneamente para a cura. Já outras precisam de tratamento específico. Outras infecções frequentes são as gastrointestinais, que costumam vir acompanhadas de diarreia, vômitos e às vezes dor abdominal, além da febre. Menos frequentes são certas infecções como as do trato urinário, da pele etc.

Muitas doenças infecciosas podem ser prevenidas com a vacinação. É muito importante que todas as crianças sigam o calendário de vacinas, sendo vacinadas na idade e com as doses indicadas nele. As datas das vacinas devem ser anotadas na Caderneta de Vacinações, que deve acompanhar a criança em todas as consultas médicas. Infelizmente ainda há inúmeras doenças infecciosas que não têm vacina efetiva.

Quando a febre é preocupante?

Todas as crianças com febre devem ser examinadas pelo pediatra, embora nem todas precisem de atendimento urgente. Se a febre não é alta, a criança está bem, mas tem coriza e tosse, pode-se adiar a consulta. No entanto, há situações em que é preciso procurar o médico com urgência porque existe a possibilidade de a criança estar com uma doença grave.

As situações em que a febre é preocupante são as seguintes:

a) No período neonatal, isto é, nas crianças com menos de 1 mês de vida, porque suas defesas contra as infecções são muito fracas.

b) Nas menores de 1 ano se, além da febre, a criança apresentar abatimento, dificuldade para respirar ou alteração do estado geral.

c) Em qualquer idade se a febre ultrapassar os 40 °C.

d) Em qualquer idade se, além da febre, a criança apresentar manchas vermelhas na pele que não desaparecem ao ser apertadas.

3

Vômitos

O vômito, ou seja, a expulsão com força do conteúdo do estômago, é comum em crianças de qualquer idade, sobretudo nas pequenas. A criança tem mais facilidade para vomitar que o adulto em virtude de muitas circunstâncias. Por isso, o vômito pode não representar nada preocupante ou, ao contrário, ser um importante sinal de doença grave. Os pais devem ser capazes de distinguir os vários tipos de vômito, já que é preciso agir de modo bem diferente em cada caso.

Regurgitação não é vômito

A regurgitação do lactente é normal nos primeiros seis meses de vida, e não é um verdadeiro vômito. Consiste na emissão de pequenas quantidades de alimento que surgem sem nenhum esforço na boca do bebê, tanto durante como após a mamada.

A regurgitação do lactente deve-se a duas causas:

a) A reduzida capacidade do estômago, que é muito pequeno nos primeiros meses de vida. O estômago se enche rápido e o leite excedente transborda.

b) A falta de desenvolvimento ou imaturidade do mecanismo de fechamento do estômago em sua parte superior, que não impede que o alimento suba até a boca.

A regurgitação desaparece espontaneamente durante a segunda metade do primeiro ano, isto é, entre os 6 e os 12 meses, em decorrência de dois fatos:

a) A criança cresceu e, portanto, a capacidade do estômago é maior.

b) O mecanismo de fechamento do estômago em sua parte superior (o chamado "óstio cárdico") já se desenvolveu. Agora o alimento tem mais dificuldade para subir até a boca.

Caso o bebê regurgite, não é preciso tomar nenhuma providência; é um fenômeno normal. Se a regurgitação for exagerada, pode-se diminuí-la tornando as mamadas mais lentas, porque assim o estômago se enche com menos rapidez. Pode-se também manter a criança ereta em posição vertical o máximo de tempo possível depois das mamadas.

Se as regurgitações não desaparecerem aos 10-12 meses de idade, é melhor consultar o pediatra, já que a criança pode sofrer de um transtorno chamado "refluxo gastroesofágico".

Vômito provocado

As crianças têm facilidade para vomitar e algumas provocam o vômito deliberadamente. O vômito provocado distingue-se porque o bebê está perfeitamente bem, sem nenhum sinal anormal e muitas vezes continua brincando, tanto antes quanto depois de vomitar.

Os vômitos provocados costumam ser consequência de birras de qualquer origem ou da tentativa de forçar a criança a tomar algo que ela não quer. Em certas ocasiões, as crianças são forçadas a comer mais do que desejam ou do que seu apetite tolera. Outras vezes, elas se recusam a comer determinado alimento ou a tomar um xarope, com a consequente birra. O vômito provocado é a afirmação da vontade da criança, que quer prevalecer sobre a da mãe.

Assim como o choro, o vômito provocado também pode ser uma maneira garantida de chamar a atenção dos pais, que se apressam em atender a criança. O fato de ela provocar o vômito significa que algo não está totalmente bem no relacionamento diário entre pais e filho. É mais frequente quando os pais são ansiosos e se preocupam demais com qualquer anormalidade ou quando tentam fazer a criança raspar o prato em todas as refeições.

A atitude que os pais devem tomar perante o vômito provocado é rever seu relacionamento com a criança.

Vômito com catarro

Os resfriados ou infecções respiratórias superiores são frequentes nas crianças, sobretudo nas pequenas. A criança normal produz muito catarro, e essa produção é ainda mais abundante quando ela está resfriada.

O catarro, assim como a tosse, é "emético", isto é, provoca o vômito porque estimula as terminações nervosas situadas na árvore respiratória (faringe e traqueia), as quais iniciam o reflexo que desencadeia a contração do estômago e o vômito.

Além de produzir muito catarro, a criança é incapaz de expulsá-lo do organismo. Engole e acumula catarro no estômago, o que tem como consequência dois fatos muito negativos:

a) Por um lado ela perde totalmente o apetite, porque o estômago já está cheio.

b) Por outro, o acúmulo de catarro irrita o estômago, e finalmente provoca sua expulsão mediante o mecanismo do vômito.

Os vômitos com catarro que acompanham os resfriados raramente têm consequências negativas. São pouco preocupantes, já que desaparecem quando melhora a causa que os provoca.

Vômito alimentar isolado

Outros vômitos frequentes nas crianças são aqueles cujo conteúdo é o alimento ingerido na refeição anterior, muitas vezes com pedaços sem digerir. Eles são decorrentes da "má digestão", que aparece quando a criança:

a) Come alimentos em excesso, isto é, se "empanturra".

b) Come alimentos difíceis de digerir, como, por exemplo, bolos, doces, chocolate, cremes, molhos, azeitonas etc.

c) Come depressa demais, sem mastigar adequadamente.

O vômito alimentar isolado é a consequência da chamada "transgressão alimentar", em que se come em excesso ou alimentos inadequados. O estômago da criança não consegue digeri-los e os expulsa como um mecanismo de defesa. A criança costuma sentir mal-estar ou dor no abdome antes de vomitar, mas depois volta rapidamente à normalidade.

Esse tipo de vômito geralmente não tem muita importância. Às vezes, pode vir acompanhado de alterações das evacuações ou de diarreia, isto é, de gastroenterocolite, a irritação do intestino pela mesma causa.

Em caso de alguns vômitos alimentares por má digestão, o mais prudente e correto é deixar a criança de dieta durante quatro a cinco horas, tomando somente líquidos ou ingerindo alimentos leves semilíquidos. Se, passado esse tempo, os vômitos não se repetirem nem surgir diarreia, deve-se continuar com a alimentação normal.

Vômitos com dor abdominal

Os vômitos acompanhados de dor abdominal costumam ser decorrentes de duas causas:

a) A mais frequente é a gastroenterocolite aguda, isto é, a inflamação ou infecção de todo o intestino. Inicialmente costumam aparecer vômitos e dor abdominal e, algumas horas depois, diarreia (evacuações líquidas abundantes) e às vezes febre. A dor da gastroenterocolite costuma ser de tipo cólica, isto é, intermitente, com períodos em que desaparece completamente por si só. São as clássicas "contrações". A atitude perante uma gastroenterocolite será explicada no capítulo 4.

b) Com menos frequência, o vômito com dor abdominal pode ser causado por uma alteração intestinal grave que precisa de assistência médica urgente. Nesse caso, a dor abdominal não é intermitente, mas contínua e persistente, além de ser progressiva, ou seja, aumentar cada vez mais. A criança se queixa e fica com expressão de dor. Esse tipo de vômito e de dor abdominal é o da apendicite aguda da criança em idade escolar.

Vômitos repetitivos

A repetição de vômitos, mesmo não acompanhados de dor abdominal, é preocupante por duas razões:

a) Pode significar que o organismo sofre de algum transtorno.

b) Leva à perda excessiva de líquidos. Se a criança tem vômitos repetitivos e abundantes, não apenas perde líquidos corporais, mas também não consegue repô-los porque não tolera a ingestão. Desse modo, corre o risco de ficar desidratada.

Quando os vômitos são repetitivos, devem ser tomadas duas medidas:

a) Eliminar completamente a alimentação e oferecer apenas pequenas doses de líquidos adoçados para tentar fazer com que a criança os tolere.
b) Se os líquidos também não são tolerados, deve-se consultar imediatamente o pediatra.

Uma consulta de urgência também é necessária se, além de vômitos repetitivos, a criança apresentar febre, dor de cabeça ou alteração do estado geral.

Vômito grave

Os vômitos mais preocupantes, que devem ser motivo de consulta imediata ao médico, são:

a) Os vômitos repetitivos intensos.
b) Os vômitos "coloridos", isto é, aqueles que têm um conteúdo muito diferente do alimento ingerido ou das mucosidades acumuladas no estômago.

Os vômitos "coloridos" são de dois tipos:

- O vômito hemático: seu conteúdo é sangue; ou sangue vermelho, o que significa que o sangramento é recente, ou de cor preta "como borra de café", que é sangue não recente que mudou de cor. Em ambos os casos, é uma situação potencialmente grave.

- O vômito bilioso e o fecaloide: o vômito bilioso é verde-escuro e o fecaloide marrom-escuro e mal-cheiroso. Podem ser sinais de uma grave alteração intestinal, a obstrução total da luz, que requer internação imediata e não raro intervenção cirúrgica urgente.

4

Diarreia

Evacuações normais

O hábito intestinal da criança, e sobretudo do lactente, tem uma ampla variação dentro da normalidade. É preciso saber como são as evacuações normais em cada idade para poder identificar corretamente tanto a diarreia quanto seu oposto, a prisão de ventre. Esses dois problemas são frequentes, mas podem ser solucionados com medidas muito simples e fáceis de fazer em casa.

Evacuações do lactente

As primeiras evacuações do recém-nascido têm um aspecto muito especial e são chamadas de "mecônio". O mecônio tem uma consistência pastosa, de uma cor escura esverdeada, e geralmente é abundante. O recém-nascido costuma evacuar pela primeira vez antes das doze horas de vida, muitas vezes no próprio momento do parto ou imediatamente depois. Caso ele não evacue nas primeiras 24 horas de vida, pode-se suspeitar de um problema no intestino.

Com dois ou três dias de vida, as evacuações ficam mais claras, tornando-se marrom-esverdeadas ou marrom-amareladas, são mais granulosas e chamadas "de transição", porque em poucos dias levam às fezes definitivas do lactente.

As evacuações do lactente dependem do tipo de alimentação. Se a criança toma leite materno, as fezes são amareladas, com consistência de pomada, ou ainda pastosas e de cheiro aromático. Seu número é variável, normalmente de quatro a oito por dia. Se o lactente toma mamadeira com fórmula infantil apropriada (aleitamento artificial), as evacuações são mais consistentes, mais espessas, marrom-claras, com cheiro mais intenso e geralmente em menor número (de duas a quatro).

As evacuações dos lactentes que se alimentam de leite materno às vezes são quase líquidas e ainda mais numerosas, até mesmo depois de cada mamada e em todas elas. É um fenômeno normal denominado "falsa diarreia". Não deve preocupar nem ser motivo de nenhuma providência especial.

Evacuações da criança

À medida que o lactente cresce, o número de evacuações diárias diminui progressivamente. Em idade pré-escolar, a criança geralmente evacua uma ou duas vezes por dia. O número e a consistência das evacuações dependem sobretudo do tipo de alimentação, de seu teor de fibras vegetais (frutas, hortaliças, verduras e legumes) e da quantidade de água que a criança toma diariamente.

Não é normal que as fezes sejam muito duras, em bolas, e sobretudo que a criança evacue menos de uma vez a cada dois ou três dias. É um sinal de que a alimentação não está correta (ver capítulo 5).

O que é diarreia?

A diarreia é o aumento do número de evacuações com diminuição da consistência. As fezes são semilíquidas ou líquidas. A característica fundamental da diarreia é o aumento do líquido perdido com as fezes. O perigo da diarreia é a perda excessiva de líquido, sem a correspondente ingestão de água.

Na diarreia, também ocorrem mudanças no cheiro das evacuações (mais fétido) ou na cor (mais claras ou mais esverdeadas), mas essas alterações não são importantes. A cor das fezes não significa nada, exceto se houver sangue, como será mencionado mais adiante.

Quais são as causas da diarreia?

A diarreia costuma ser causada por uma infecção do intestino, na maioria das vezes por um vírus (rotavírus, adenovírus etc.). Essas diarreias por infecção são denominadas "gastroenterocolite" e habitualmente vêm acompanhadas de febre, vômitos e dor abdominal do tipo cólica, isto é, intermitente e não contínua (ver o capítulo 6).

As diarreias causadas por vírus podem manifestar-se durante todo o ano e são mais frequentes nas crianças pequenas (lactentes e pré-escolares), embora possam aparecer em qualquer idade. Em muitas ocasiões, o adulto afetado é quem contagia a criança, mas também pode ocorrer o contrário. A característica principal dessas diarreias é que saram sozinhas (são autolimitadas), isto é, não precisam de nenhum tratamento antibiótico. Duram vários dias, cerca de uma semana em média.

Menos frequentes são as diarreias causadas por bactérias e por parasitas. A diarreia bacteriana (por salmonela, shigela, campilobacter etc.) é mais comum no verão e pode provocar febre muito alta e fazer aparecer sangue nas fezes. É muito mais perigosa que a diarreia causada por vírus e sempre deve ser tratada e controlada pelo pediatra.

Uma causa bem menos frequente de diarreia é a intolerância a alimentos (à lactose, às proteínas do leite de vaca etc.). Esse tipo de diarreia caracteriza-se por persistir durante mais tempo (diarreia crônica). Requer tratamento médico.

Como se transmite a diarreia?

As diarreias infecciosas, as mais frequentes, são transmitidas pela chamada "via fecal-oral". O micróbio chega à boca da criança através de líquidos ou alimentos contaminados, ou ainda por suas próprias mãos, transmitido pelas mãos contaminadas dos adultos.

Os micróbios são abundantes na natureza e podem contaminar os alimentos, a água ou as mãos dos adultos. Depois de ingerido, o micróbio se multiplica rapidamente no intestino da criança e sai com as fezes, que podem contaminar as mãos de outras crianças ou adultos. Pode haver pequenas epidemias em escolas e creches, com muitas crianças e adultos afetados. Por esse motivo, a prevenção do contágio da diarreia infecciosa precisa das seguintes normas:

a) Usar só água potável, e nunca a de origem duvidosa.

b) Lavar com água em abundância os alimentos consumidos crus, como frutas, verduras e legumes.

c) Lavar as mãos com frequência, sobretudo antes de manipular alimentos, bem como antes e depois de ter contato com bebês e crianças.

d) Não quebrar a "cadeia de frio" dos alimentos e descartar os que não estejam em boas condições.

O que fazer em caso de diarreia?

Quando uma criança tem diarreia, o mais importante é evitar a desidratação. A desidratação significa a perda de excessiva quantidade de líquidos e sais minerais pelo organismo. As crianças mais sujeitas à desidratação são as menores, os lactentes e aquelas que, além de diarreia, têm febre e vômitos. Quando há febre alta, há perda de água porque a transpiração aumenta. Os vômitos são por si sós uma perda de líquidos e, além disso, impedem que a criança tome líquidos para compensar os que são perdidos.

É muito fácil saber quando a criança está ficando desidratada pela quantidade de líquido que perdeu. A desidratação manifesta-se por sede, inquietação, alteração do estado geral e produção escassa de saliva e de lágrimas. Nos casos mais graves, os olhos tornam-se fundos e a criança fica sonolenta e apática.

Para evitar a desidratação, as perdas de líquido (água e sais minerais) devem ser compensadas com uma ingestão igual ao que se perde. Há preparados vendidos em farmácias, as soluções de reidratação oral hipossódicas (com baixo teor de sal), que têm uma composição muito parecida com a do líquido que as crianças perdem através da diarreia. Alguns preparados vêm em envelopes para dissolver em água, mas as soluções apresentadas em forma líquida, já diluídas e prontas para beber, são muito melhores.

As soluções de reidratação oral hipossódicas devem ser dadas em pequenas doses, mas com frequência, a cada dez ou quinze minutos. Deve-se permitir que a criança tome tudo o que quiser, mas sem dar quantidades excessivas por vez, para evitar que ela vomite. A quantidade total que uma criança deve tomar dependerá da intensidade da diarreia. Quanto maior for a perda de líquidos através das fezes, maior deverá ser a quantidade total da solução de reidratação hipossódica a ser ingerida.

Podem surgir dois problemas:

a) A criança se nega a tomar o líquido de reidratação ou o toma em quantidade muito escassa, muito menor que as perdas.

b) A criança vomita e não tolera os líquidos ingeridos.

Em ambos os casos, há perigo de desidratação, e por isso deve-se consultar urgentemente o pediatra.

Dieta durante a diarreia

Além do líquido de reidratação, o que a criança deve tomar durante a diarreia? Depende da idade da criança e de como é sua alimentação normal:

a) Se o bebê está tomando leite materno, deve-se continuar com ele, sem fazer nenhum tipo de dieta, e oferecer o líquido de reidratação entre as mamadas.

b) Se o bebê toma leite de fórmula infantil ou papinhas, deve-se interromper a alimentação durante um período de quatro a seis horas. Durante esse tempo, só será dada a solução de reidratação oral hipossódica, tal como foi mencionado na seção anterior. Depois desse período, reinicia-se a alimentação normal, com a precaução de não forçar a criança e até mesmo de não dar a comida se ela não tiver vontade. Entre as mamadas, deve-se continuar oferecendo a solução de reidratação hipossódica.

c) Nas crianças maiores, que já comem de tudo, também deve-se interromper a alimentação durante quatro a seis horas, período em que deverão ingerir a solução de reidratação oral hipossódica. Depois se reiniciará a alimentação, mas com refeições mais leves que as habituais, à base de arroz, purê de batatas, macarrão, iogurte, peixe grelhado, banana e maçã. Gorduras, frituras, temperos, guloseimas etc. devem ser eliminados. Pode-se manter essa dieta durante dois ou três dias, para depois passar à alimentação normal.

O que não se deve fazer em caso de diarreia?

Os erros mais comuns que podem ser cometidos em caso de diarreia são:

a) Oferecer à criança água pura, sucos, refrigerantes de cola ou outras bebidas. O correto é ministrar a solução de reidratação oral hipossódica porque ela tem a proporção adequada de água e de sais, a mesma que a criança está perdendo.

b) Deixar a criança muito tempo de dieta, sem alimentos. Não é conveniente que o período de repouso intestinal dure mais que seis horas.

c) Dar medicamentos para abrandar os vômitos e a diarreia sem indicação médica. Alguns podem ser tóxicos para as crianças.

d) Esquecer as regras de higiene, como lavar as mãos antes e depois de preparar os alimentos, de trocar as fraldas etc. A criança deve continuar com seu banho diário.

Se ela apresentar febre alta, não há nenhum inconveniente em dar uma dose da medicação antipirética para abaixar a febre, já que esses medicamentos não aumentam nem diminuem a diarreia.

Sinais de alerta durante a diarreia

É preciso consultar o pediatra com urgência nos casos em que:

a) A diarreia for frequente e a criança não tomar líquidos em quantidade suficiente ou tomá-los mas vomitar.
b) As fezes ou o vômito contiverem sangue.
c) A criança estiver abatida, como que prostrada, parecer ausente, ou o nível de consciência e de resposta aos estímulos estiver diminuído.
d) A criança tiver as mucosas da boca secas ou não tiver urinado nas últimas horas.

Na maioria desses casos, a criança corre o perigo de se desidratar ou já está desidratada, em maior ou menor grau. Muitas crianças devem ser internadas e algumas talvez precisam receber líquidos e sais pela veia (reidratação intravenosa).

5

Prisão de ventre

A prisão de ventre provoca muitas indisposições, desconfortos e até verdadeiras doenças. Além disso, persiste durante anos e pode conservar-se até a adolescência se não for tratada. O tratamento é muito simples, e na maioria dos casos esse distúrbio pode ser prevenido com medidas dietéticas. Os pais têm a responsabilidade de incutir nas crianças hábitos alimentares saudáveis capazes de evitar a prisão de ventre.

O que é prisão de ventre?

A prisão de ventre é um hábito intestinal alterado que consiste em expelir fezes duras, com pouca frequência ou com dificuldade. Como o número normal de evacuações varia com a idade da criança (ver o capítulo 4), também variará o modo de considerar se ela "tem prisão de ventre". O bebê de poucos meses alimentado no peito tem prisão de ventre se evacua menos de duas vezes por dia. No bebê alimentado com mamadeira, as evacuações são menos numerosas e mais consistentes, e nesse caso considera-se que ele tem prisão de ventre se evacuar menos de uma vez a cada dois dias.

A partir dos 6 meses de idade, o lactente já deve comer frutas e verduras, além de carne. Esses alimentos têm mais resíduos de fibra, que não é absorvida e aumenta o volume das fezes. Por esse motivo, o lactente mais velho deve evacuar pelo menos uma vez ao dia.

A criança em idade pré-escolar e escolar deve ter uma alimentação variada, com frutas, verduras e legumes. Considera-se que essa criança tem prisão de ventre se evacuar menos de uma vez a cada dois dias ou se as fezes forem tão duras que tornam difícil a evacuação.

Causas da prisão de ventre

A prisão de ventre do lactente pode ser produzida por uma alteração intestinal que se apresenta desde o nascimento. Felizmente essa prisão de ventre "orgânica" é muito rara. Na maioria dos casos, a prisão de ventre é "funcional", provocada por hábitos alimentares incorretos.

Os hábitos alimentares que causam a prisão de ventre são:

a) Dieta pobre em frutas, verduras e legumes, isto é, vegetais que contenham fibra natural. Esses alimentos não são os favoritos das crianças, que preferem arroz, macarrão, cereais e produtos açucarados, alimentos que não têm fibras e geram fezes duras.

b) Beber pouca água: a criança só toma água quando tem sede e em geral não ingere o suficiente. A água é necessária para umedecer as fezes e assim aumentar seu volume, favorecendo a evacuação.

c) Refeições em horários irregulares, o que altera o ritmo intestinal normal. O reflexo da evacuação ocorre após a ingestão do alimento, e a evacuação regular é favorecida quando se come em horários regulares.

Além dos fatores dietéticos, a prisão de ventre também é influenciada por alguns hábitos da vida cotidiana, como:

a) O sedentarismo ou a escassa atividade física: as crianças que não praticam esporte ou exercício físico regular diário têm mais riscos de apresentar prisão de ventre.

b) Não dedicar tempo suficiente para sentar na privada: a criança está muito ocupada e distraída brincando, vendo televisão ou estudando e vai ao banheiro a contragosto. Algumas crianças seguram a vontade de evacuar enquanto estão na escola porque acham que o banheiro está sujo ou porque é de uso coletivo.

c) Às vezes, a evacuação está ligada a experiências dolorosas, pela própria prisão de ventre, ou ao medo e à tensão, por problemas de relacionamento familiar, com os pais ou com os irmãos.

De todos esses fatores, talvez o mais importante seja a dieta pobre em frutas, verduras e legumes. Pesquisas alimentares feitas com crianças de diferentes idades e de diversas regiões da Espanha mostram que suas dietas são pobres nesses alimentos e, em compensação, são ricas em alimentos prontos do tipo pães e bolos industrializados*.

Sintomas da prisão de ventre

Como costuma ser um transtorno crônico que dura meses e anos, a prisão de ventre tem duas etapas diferentes: a inicial e a avançada.

Em sua etapa inicial, a criança expele fezes muito duras, em forma de bolas. As evacuações normais são consistentes, mas não duras. As fezes em forma de bolas sempre são anormais e características dessa primeira etapa da prisão de ventre. Depois, a criança continua sem evacuar todos os dias, que é o normal, e só evacua a cada dois ou três dias. A criança começa então a reter fezes, isto é, embora evacue, resta ainda grande quantidade, que se armazena no intestino grosso. As fezes armazenadas endurecem, porque a água que contêm é absorvida, e começam a provocar desconfortos abdominais.

Na etapa seguinte, na prisão de ventre avançada, a retenção de fezes duras no intestino ocasiona dor abdominal intermitente. A dor aparece e desaparece à medida que as fezes se deslocam pelo interior do tubo digestório. A criança começa a sentir dor ao evacuar porque a bola tem um tamanho grande demais e é expulsa com dificuldade. Ao sair, irrita o intestino, que pode sangrar.

---

* No Brasil, a situação é similar. (N. do R. T.)

As fezes saem manchadas de sangue ou a roupa íntima fica manchada de vermelho.

Em uma etapa ainda mais avançada, se a situação se mantiver durante meses, a grande retenção de fezes provoca encoprese, isto é, a eliminação involuntária das fezes, que escapam do intestino porque transbordam. O intestino já não aguenta tanta quantidade de fezes, que não cabem mais ali, e o esfíncter anal não consegue retê-las. A encoprese é bastante traumática e humilhante para a criança, que cheira mal e pode ser rejeitada por seus colegas ou pela própria família. Para evitar essa situação, é preciso tomar providências muito antes de chegar a essa fase extrema.

Prevenção da prisão de ventre

A prisão de ventre sempre é um distúrbio crônico, por isso há tempo para evitar que passe para as fases avançadas. Devem-se tomar medidas preventivas assim que o problema for detectado.

A prevenção da prisão de ventre baseia-se em quatro pontos: seguir uma dieta adequada, tomar água, treinamento para evacuar e exercícios físicos.

Dieta

Para prevenir a prisão de ventre, devemos seguir uma dieta rica em fibra natural, isto é, em resíduos vegetais, presentes nas frutas, verduras e legumes.

No bebê com menos de 5 meses de idade, que ainda não tem uma alimentação variada, qualquer caso de prisão de ventre intensa deve passar por consulta pediátrica, por um lado, para certificar-se de que ele não apresenta nenhum distúrbio orgânico que provoca prisão de ventre, e, por outro, porque os menores de 5 meses ainda não podem comer frutas e verduras, por isso precisam de orientação especializada para se curar.

Quando o lactente tem mais de 6 meses, já pode comer frutas e verduras, portanto é muito mais fácil tratar da prisão de ventre. Ele pode comer papinhas de fruta natural, de preferência com pera e laranja bem maduras, misturadas com banana. Também pode comer purê de verduras: vagem, alho-poró e tomate. Deve-se oferecer água entre as mamadas para que a criança beba tudo o que for possível sem restrição alguma.

Crianças com mais de 1 ano de idade já podem ter uma alimentação muito variada. Se estiverem com prisão de ventre, devem evitar alguns alimentos que prendem o intestino e comer maior quantidade de alimentos laxativos.

É preciso evitar alimentos como arroz, cenoura, iogurte e maçã e acrescentar frutas, como pera, laranja, kiwi, ameixas, abacaxi, uvas, abóbora, tâmaras etc.; verduras, como tomate, alface, aspargos, vagem, alho-poró, cebola, alcachofra etc.; leguminosas, como lentilhas, grão-de-bico, feijão etc. Podem ser comidos em saladas, ensopados, cozidos e em forma de purês. Incluir também cereais integrais, aveia, pão integral etc., além de leite e queijos. Todos esses alimentos fazem parte da chamada "alimentação saudável", que deve ser iniciada o mais cedo possível, desde a idade pré-escolar.

Tomar água suficiente

A criança deve ser incentivada e acostumada a beber muita água de forma habitual, sobretudo entre as refeições, e deve-se evitar que beba outros líquidos, como refrigerantes de cola ou refrescos adoçados. Ela pode tomar sucos de frutas naturais, mas não em quantidade excessiva. É muito melhor comer a fruta inteira, ou amassada se a criança for pequena, porque assim conserva toda a fibra.

Treinamento para evacuar

A evacuação pode tornar-se mais regular se for estabelecido um hábito de horário constante. A criança deve ser incentivada a se sentar no penico ou na privada todos os dias, aproximadamente na mesma hora e durante um bom tempo. Os joelhos devem ficar mais elevados que o quadril, por isso o assento deve ser baixo. Assim, os músculos fazem mais força e é mais fácil evacuar. Não é preciso ter pressa, e deve-se escolher o horário mais conveniente para a criança. É melhor depois de uma refeição, para aproveitar o reflexo pós-prandial. Caso a criança esteja irritada e não queira se sentar no penico, os pais não devem forçá-la nem ficar alterados se ela não evacuar. Deve-se evitar sobretudo que isso seja motivo de tensão ou de conflito, para não gerar sentimentos negativos de rejeição, que pioram a situação.

EXERCÍCIO FÍSICO REGULAR

A vida sedentária torna o trânsito intestinal lento e favorece a prisão de ventre. A atividade física em forma de jogos ou esportes, conforme a idade da criança, pelo contrário, favorece o hábito intestinal adequado. A criança deve ser incentivada a fazer exercício físico moderado, mas regular e diário.

Todas essas medidas são importantes, mas talvez a principal seja a dieta. É preciso ter muita paciência e perseverança para que a criança se acostume a comer os alimentos recomendados, que devem ser oferecidos a ela desde os primeiros anos de vida.

Tratamento da prisão de ventre

Quando a prisão de ventre já dura muitos meses e provoca desconforto abdominal, dor ao evacuar, retenção de fezes etc., devem ser tomados dois tipos de medida:

a) As preventivas, isto é, todas as mencionadas anteriormente: dieta adequada, ingestão de água, treinamento para evacuar e exercício físico. São as que de fato devem resolver o problema da criança.

b) Ajudar a criança a expelir as fezes retidas: a evacuação das fezes duras acumuladas pode ser facilitada com supositórios de glicerina nos casos leves e com enemas nos casos mais resistentes.

Os supositórios de glicerina são inócuos e podem ser administrados reiteradas vezes. Sempre é uma medida provisória até que as medidas definitivas de prevenção já expostas façam efeito. A criança não deve acostumar-se a evacuar com a ajuda do supositório, sem fazer o esforço suficiente.

Os enemas têm o mesmo inconveniente. Servem para resolver uma situação aguda e limpar o intestino das fezes, mas não devem ser usados com frequência. Os enemas comerciais são de fosfato e não são adequados para lactentes e crianças pequenas. Até os 4 anos, eles devem ser de soro fisiológico, isto é, de água com sal.

Laxantes orais ou medicamentos que "soltam" o intestino só devem ser empregados com prescrição do pediatra. Podem ser perigosos para as crianças.

Sinais de alerta na prisão de ventre

Deve-se consultar o pediatra nos seguintes casos:

a) Se aparecerem manchas de sangue nas fezes ou na roupa íntima. Costumam indicar a presença de uma fissura anal, que além de tudo é muito dolorosa e dificulta ainda mais a evacuação.

b) Se a criança tiver encoprese (saída involuntária das fezes em crianças com mais de 4 anos, isto é, já com idade para controlá-las).

c) Se houver dor abdominal persistente ou a prisão de ventre não for resolvida apesar da aplicação de todas as medidas anteriores.

6

Dor abdominal

As crianças queixam-se com frequência de dor "de barriga". Felizmente, na maioria das vezes a dor abdominal deve-se a uma causa leve e passageira. No entanto, em uma pequena porcentagem de casos, a dor localizada no abdome é sinal de uma doença importante que requer consulta urgente ao pediatra ou atendimento médico de emergência.

Neste capítulo, os pais são orientados sobre as características dos diferentes tipos de dor abdominal para poder diferenciá-los e tomar a atitude adequada em cada caso.

A dor que mais inquieta os pais é a aguda, de aparecimento repentino. Em contrapartida, há outro tipo, a dor abdominal crônica, que aparece e desaparece de forma intermitente durante semanas ou meses. É uma dor que assusta menos os pais, mas que acaba preocupando-os por sua repetição.

Quais são as dores abdominais preocupantes?

A maioria das dores abdominais das crianças não são sinal de doença grave, sendo provocadas por prisão de ventre ou má digestão. São dores passageiras, que aparecem e desaparecem em pouco tempo, e costumam ser do tipo cólica, "nó nas tripas", que embora pareçam intensas cedem espontaneamente. A criança está bem, sem nenhuma alteração do estado geral, exceto no momento da contração. Quando esta cede, a criança brinca e come normalmente.

As características fundamentais dessas dores benignas, também chamadas "inespecíficas", são:

a) Intermitentes, isto é, nem fixas nem constantes.

b) Não vêm acompanhadas de nenhum outro sinal de doença, ou seja, não há febre, vômitos ou alterações do estado geral.

Como já dissemos, as causas mais frequentes são a prisão de ventre (ver o capítulo 5) e a má digestão por transgressões alimentares. Essas dores não são preocupantes e podem ser evitadas corrigindo os hábitos.

As dores abdominais preocupantes são as que têm características contrárias às anteriores, isto é:

a) São fixas, contínuas e não cedem em um tempo razoável.

b) Vêm acompanhadas de outros sinais de doença, como febre alta, vômitos ou alteração do estado geral da criança.

Caso a dor tenha essas características, deve-se consultar o médico com urgência.

Dor abdominal da criança pequena

As crianças pequenas, até os 3 ou 4 anos, não sabem determinar onde sentem dor quando estão doentes. Manifestam a dor, tanto a abdominal como a de qualquer outra parte do corpo, através do choro e da irritabilidade. A criança chora quando seu abdome é tocado, mas às vezes é impossível saber se a dor realmente se origina dessa parte do corpo.

Nos primeiros anos de vida, as causas mais frequentes de dor abdominal são:

a) A cólica do lactente, explicada no capítulo 1.

b) A gastroenterocolite aguda, ou diarreia aguda, infecção intestinal explicada no capítulo 4.

c) Infecções em outras partes do corpo, como a garganta (faringoamigdalite), pulmões (pneumonia), trato urinário (infecção urinária ou pielonefrite), que causam dor reflexa no abdome.

As crianças pequenas não costumam ter apendicite aguda, que é muito rara antes dos 3 anos de idade. No entanto, podem ter duas doenças do abdome que devem ser motivo de consulta urgente, pois podem requerer intervenção cirúrgica: a invaginação intestinal e o volvo intestinal (menos frequente).

A invaginação intestinal é típica de determinada idade das crianças, entre os 8 meses de idade e 1 ano e meio, embora também possa aparecer mais tarde. Consiste no fato de uma porção de intestino penetrar na porção seguinte, produzindo uma dor brusca e muito intensa. O lactente tem um choro muito agudo, curva-se sobre o abdome, fica pálido e com sudoração, e pode vomitar. Se o problema não é solucionado logo, podem surgir fezes manchadas de sangue. Diante de uma dor com essas características em uma criança com a idade indicada, é muito importante recorrer rapidamente ao pronto-socorro. A invaginação intestinal com poucas horas de evolução pode ser resolvida muito melhor e sem necessidade de intervenção cirúrgica. Se a invaginação se prolongar por muitas horas, o intestino não pode voltar à desinvaginação por procedimentos clínicos e precisa de cirurgia urgente.

O volvo intestinal é muito menos comum. Costuma aparecer em crianças mais velhas, mas tem sintomas muito parecidos com os da invaginação. Também requer intervenção cirúrgica.

Apendicite aguda

O apêndice é um pequeno prolongamento em forma de dedo, como um pequeno beco sem saída, que sai do intestino grosso, especificamente da parte inferior direita. Não tem nenhuma função para o organismo e pode infeccionar e ficar inflamado, causando a apendicite aguda.

Embora a apendicite aguda possa aparecer em qualquer idade, é rara antes dos 3 anos e nos adultos mais velhos. É muito mais frequente na idade escolar, no adolescente e também no adulto jovem.

Quando o apêndice infecciona, forma-se uma pequena bolsinha de pus. Para evitar que ela se rompa, é necessária a intervenção cirúrgica para a extração do apêndice. Do contrário, a bolsa de pus pode se romper (apêndice perfurado) e a infecção se alastrar por todo o abdome, pelo peritônio, causando peritonite.

A apendicite aguda sempre começa com dor abdominal. Inicialmente a dor se estende por todo o abdome ou pela área em torno do umbigo, mas depois fica restrita à parte direita e inferior do abdome, sobre a virilha. A dor concentra-se sobretudo na área intermediária entre o umbigo e a virilha direita. É constante, ou seja, não desaparece, não é variável e vai aumentando de intensidade com o tempo. Sempre há febre, embora às vezes não seja muito alta, e sensação de náuseas, vontade de vomitar. Em uma fase posterior, aumentam os vômitos e o abdome fica tenso e duro (defesa abdominal). A criança não quer nem consegue se levantar da cama porque a dor se intensifica com o andar.

COMO DIFERENCIAR A DOR DE APENDICITE?

A dor de apendicite sempre é contínua, fixa, não cede, não é intermitente. Se a criança se queixa de dor, mas depois a dor passa e ela começa a brincar, com toda a certeza não é apendicite.

A dor de apendicite aumenta de intensidade com o decorrer do tempo e altera o estado geral da criança. Sempre há febre, náuseas e vômitos. A criança fica com expressão de dor, não quer brincar nem comer e se queixa continuamente. Talvez as crianças menores não localizem bem a dor, mas depois dos 5-6 anos indicam exatamente a área apendicular, isto é, a parte inferior direita da barriga.

O que fazer e o que não fazer em caso de dor abdominal aguda

Os pais podem ajudar muito a esclarecer a origem da dor abdominal de seus filhos. Devem tomar três providências essenciais:

a) Não dar à criança nenhuma medicação para suprimir a dor, os analgésicos, sobretudo os fortes. Esses medicamentos, ao abrandar a dor, dificultam a avaliação do médico, isto é, podem mascarar ou retardar o diagnóstico correto. Não se sabe se a dor desapareceu porque era benigna ou se voltará quando passar o efeito do remédio. Os medicamentos antiespasmódicos também devem ser evitados.

b) Observar as características da dor para saber se é de tipo cólica, isto é, benigna, ou contínua, o que pode indicar uma apendicite. A dor do tipo cólica é intermitente, aumenta de repente de intensidade, mas cede totalmente em poucos minutos. É a dor típica da prisão de ventre, da aerofagia (gases), da gastrenterocolite etc. A criança tem vontade de brincar nos períodos em que se sente bem e o estado geral não se altera. Se a criança costuma ter prisão de ventre, é preciso tentar fazer com que ela expulse as fezes.

c) Observar se, além da dor, há febre, vômitos, diarreia ou qualquer outro sintoma anormal que possa ajudar a conhecer a causa da dor.

Quando se deve consultar o médico com urgência?

Deve-se consultar o pediatra com urgência ou recorrer ao pronto-socorro do hospital nas seguintes circunstâncias:

a) Quando a dor abdominal é fixa e não contínua, e não cede espontaneamente em um tempo razoável, de cerca de meia hora.

b) Quando a dor abdominal vem acompanhada de náuseas, vômitos, febre, e além disso o abdome está duro (suspeita de apendicite).

c) Quando a dor é acompanhada de vômitos cujo conteúdo é diferente do alimento, ou seja, vômitos de cor esverdeada (biliosos), de cor marrom-escura (fecaloides), de cor vermelha (hemáticos) ou ainda escuros "como borra de café", pela possibilidade de doença intra-abdominal grave.

d) Quando há alteração do estado geral, isto é, abatimento, sonolência etc.

Dor abdominal crônica

A dor abdominal crônica é uma dor recorrente mas benigna. A criança tem episódios de dor abdominal, em geral moderados, de uma intensidade não excessiva, que, no entanto, cedem espontaneamente sem ter uma causa concreta. A criança fica totalmente normal, mas o episódio de dor se repete depois de poucas semanas. Às vezes, um desses episódios é intenso, sugerindo uma apendicite aguda, o que leva a criança a ser submetida a exames e testes, que no entanto dão um resultado normal. Muitas crianças chegam até a ser internadas. Não é encontrada nenhuma causa "orgânica" que requeira tratamento médico ou intervenção cirúrgica e a criança volta para casa. Esses episódios repetidos são denominados "dor abdominal inespecífica" (porque não se encontra a causa), "dor funcional" (porque não há um motivo orgânico) ou "dor psicogênica" (porque são mais frequentes em crianças sensíveis ou que têm problemas de relacionamento com pais e irmãos).

Muitas vezes a dor abdominal crônica decorre de problemas intestinais que podem ser resolvidos facilmente, como a prisão de ventre e as transgressões alimentares. A prisão de ventre é causa de muitas dores abdominais (ver o capítulo 5) e uma dieta adequada resolve o problema. Por outro lado, as transgressões alimentares são alterações da dieta normal da criança por ocasião de festas, aniversários etc., ou às vezes por capricho. A criança come balas, guloseimas, frutas cristalizadas, batatas fritas, sorvetes, azeitonas etc., que ocasionam uma má digestão ("indigestão"), o que provoca dor abdominal, às vezes muito intensa. É preciso evitar que a criança coma esses alimentos indigestos e fazer com que se alimente corretamente.

A dor abdominal crônica é motivo de muitas consultas desnecessárias ao pediatra ou ao pronto-socorro. Às vezes, a criança é submetida a numerosos exames e radiografias que poderiam ser evitados com estas simples normas:

a) Detectar a prisão de ventre em suas primeiras fases e tratá-la (ver o capítulo 5).

b) Evitar que a criança coma alimentos indigestos, como balas, salgadinhos, chocolate, batatas fritas e guloseimas em geral.

c) Detectar os problemas ou conflitos da criança com seu ambiente (familiar ou escolar) para corrigi-los adequadamente. Os conflitos psíquicos intensos ou douradouros podem manifestar-se através de uma crise de dor abdominal, muitas vezes recorrente, fenômeno denominado "somatização".

7

Convulsão febril

O que é convulsão?

O cérebro é o órgão do corpo que controla todas as funções vitais, tanto as conscientes como as inconscientes. Controla o sistema muscular, que produz os movimentos corporais, e também o nível de consciência, ou seja, dos sentidos. Em circunstâncias normais, os movimentos do corpo são coordenados, isto é, são produzidos com uma sequência determinada para serem eficazes e cumprirem seu propósito. Esse controle cerebral é semelhante ao de um computador, que tem programados todos os passos e sequências em determinada ordem.

O controle cerebral pode ser alterado por muitas circunstâncias anormais: doenças cerebrais, envelhecimento do cérebro nas pessoas idosas, traumatismos fortes na cabeça etc. Em todos esses casos podem aparecer convulsões, que nada mais são que movimentos musculares totalmente descoordenados e desordenados porque o computador cerebral não funciona bem.

Uma convulsão é um acontecimento muito dramático, no qual os músculos têm movimentos rápidos anormais, o corpo adota uma postura rígida e em geral perde-se a consciência. O paciente não percebe o que acontece, não responde aos estímulos e perde a fala, a visão e a audição.

O que é convulsão febril?

Ao contrário das convulsões decorrentes de alterações cerebrais, a convulsão febril é ocasionada pela febre, não havendo doença orgânica no cérebro. Portanto, na convulsão febril, o distúrbio do computador cerebral não é causado por uma doença, mas apenas pelo aumento da temperatura. Só se manifesta em determinada idade, entre os 6 meses e os 5 anos, e afeta três em cada cem crianças. É mais frequente entre 1 e 3 anos de idade, e estão mais predispostas as crianças cujos pais a manifestaram.

A convulsão febril ocorre porque a febre produz alterações momentâneas no funcionamento normal do cérebro da criança, que é imaturo, ainda está formando suas conexões definitivas (circuitos cerebrais). O descontrole cerebral provocado pela febre leva todos os músculos a se contrair ao mesmo tempo de maneira desordenada. A criança perde a consciência bruscamente e apresenta tremores nos braços e nas pernas, o tronco fica rígido e ela mostra o olhar ausente. Os lábios podem estar roxos e a boca contraída com emissão de espuma, e sempre há febre alta. Como a criança não responde a estímulos, essa é uma experiência muito traumática para os pais que passam por isso pela primeira vez, pois eles acham que o ataque vai acabar com a vida de seu filho. Não sabem o que fazer e vivem alguns momentos muito angustiantes. Felizmente, esses momentos são poucos, porque a maioria das convulsões febris dura menos de cinco minutos e cede espontaneamente. A criança fica relaxada, parece mole e em sono profundo (estado pós-icto). Na realidade, a convulsão febril poucas vezes causa dano por si só e é mais acentuada que grave.

Por que as convulsões febris ocorrem?

As convulsões febris ocorrem porque a febre altera, de forma brusca mas passageira, o funcionamento do delicado cérebro da criança predisposta. Não se sabe exatamente por que, mas algumas crianças as apresentam e outras, que têm o mesmo grau de febre ou até maior, não. De fato, muitas crianças têm convulsões febris duas ou mais vezes, em certas ocasiões na próxima ocorrência da febre.

Há mais possibilidade de convulsão na criança predisposta se a febre for muito alta ou aumentar bruscamente. Muitas vezes a convulsão acontece sem a mãe perceber que a criança está com febre. Quando toca nela, está muito quente e não teve tempo de lhe dar um antitérmico.

A febre que provoca a convulsão pode ter origem em qualquer doença infecciosa. Como as doenças respiratórias são as que afetam com mais frequência as crianças, a maioria das convulsões febris serão decorrentes de resfriados, faringoamigdalites e otites. A convulsão aparece quase sempre nos primeiros dias da doença e raras vezes quando esta já está se curando. Essas doenças geralmente não têm gravidade, mas a convulsão febril é uma complicação que abala profundamente a família.

A preocupação dos pais diminui se conhecerem dois fatos fundamentais:

a) A convulsão febril não implica nenhuma doença neurológica ou cerebral.

b) A grande maioria das convulsões febris não necessita de tratamento nem de exames clínicos ou radiológicos especiais.

O que fazer em caso de convulsão febril?

O mais importante em uma convulsão febril é tirar da boca da criança tudo o que tiver nesse momento (objetos, alimentos etc.), para evitar que ela se engasgue. Convém deitá-la de lado, para que sua boca não fique obstruída se vomitar, e de preferência sobre uma superfície plana, para impedir que se machuque se os tremores dos membros forem intensos. É preciso ficar ao lado dela, vigiar para que não morda a boca e para que respire normalmente, e esperar o fim da convulsão, que costuma durar poucos minutos. Não é necessário administrar nenhum medicamento.

Quando a convulsão ceder e a criança ficar meio adormecida, deve-se deixá-la descansar e não acordá-la. Se a febre passar dos 39 °C, deve-se dar a ela uma dose de um antitérmico e deixá-la de camiseta em um quarto com temperatura neutra de 22 °C.

As convulsões febris duram, em 90% dos casos, menos de cinco minutos. Caso elas não cedam espontaneamente em poucos minutos ou os episódios se repitam, pode-se dar à criança um medicamento anticonvulsivante, o diazepam*, por via retal. Há supositórios de 5 mg que são absorvidos com muita rapidez e ajudam a cessar a convulsão.

Se os episódios de convulsão febril se repetirem duas ou mais vezes, é recomendável controlar a febre da criança aos primeiros sinais de resfriado ou de infecção respiratória. Nesses casos, também é conveniente manter em casa supositórios de diazepam de 5 mg.

Uma das complicações das convulsões febris, felizmente rara, é a apneia, em que a criança deixa de respirar durante mais de quinze segundos. Ela fica imóvel, sem movimentos respiratórios e com os lábios roxos. Nesse caso, é necessário fazer a respiração boca a boca, uma manobra muito simples na qual devem ser seguidos estes passos:

a) Verificar se a criança não tem na boca algo que possa dificultar a respiração.

b) Colocar a criança deitada, com a cabeça para trás, em hiperextensão, e iniciar a respiração boca a boca.

c) Inspirar o ar e insuflá-lo na boca da criança, tampando seu nariz se ela for maior. Se for pequena, pode-se

---

* No Brasil, preparados em farmácia de manipulação. (N. do R. T.)

insuflar ao mesmo tempo na boca e no nariz, que ficam dentro da boca do adulto. É preciso soprar com força, de três a cinco vezes seguidas, até que a criança reinicie a respiração espontânea.

Quais as consequências das convulsões febris?

Distinguem-se dois tipos de convulsão febril: as simples e as complexas.

A convulsão febril simples afeta uma criança saudável na idade típica indicada (entre os 6 meses e os 5 anos), dura menos de quinze minutos, cede espontaneamente e é generalizada, ou seja, afeta todo o corpo e todas as extremidades se movimentam. Às vezes, a criança fica rígida e a rigidez predomina sobre o movimento. Essas convulsões febris simples nunca deixam sequelas ou resquícios, isto é, são benignas, não são perigosas e não necessitam de exames. Felizmente são as mais frequentes.

A convulsão febril complexa ou atípica é a que tem as características contrárias: dura mais de quinze minutos, não cede sozinha, precisando de medicação para desaparecer, afeta só uma parte do corpo e não todo (convulsões focais), repete-se depois de ter cessado, ou ainda ocorre em uma idade que não é a típica, isto é, em maiores de 5 anos ou em menores de 6 meses. Essas convulsões complexas precisam de exames especializados, incluindo exploração neurológica, eletroencefalograma (EEG), e às vezes testes radiológicos, já que existe a possibilidade de uma causa orgânica como origem da convulsão.

Também precisam de análise médica todas as convulsões que não são febris, isto é, que ocorrem quando não há febre.

Quando é necessário o atendimento urgente?

É necessário o atendimento urgente no pronto-socorro nos seguintes casos:

a) A convulsão não cede em dez minutos.
b) A convulsão, embora tenha cedido, durou mais de quinze minutos.
c) Após a convulsão ceder, a criança fica meio adormecida por mais de trinta minutos e parece que não vai acordar.
d) Depois de a convulsão ceder, a criança apresenta alguma anomalia, como, por exemplo, dificuldade para falar, paralisia de braços ou de pernas, boca torta para um lado etc.
e) Uma vez terminada, a convulsão repete-se nas horas seguintes.
f) A criança tem seu estado geral afetado com vômitos, gemidos ou alteração da cor.

As convulsões febris podem ser prevenidas?

Não existe nenhum método totalmente eficaz e isento de riscos para prevenir as convulsões febris. Os pais não devem ficar obcecados pela possibilidade de repetição da convulsão febril, que muitas vezes é inevitável. Embora se tente controlar a febre, às vezes a criança começa um resfriado ou uma infecção respiratória, sem catarro, mas com febre alta, que surpreende os pais.

A medicação antitérmica nunca deve ser dada em doses maiores que as recomendadas ou em intervalos mais curtos que os indicados, já que o remédio pode ser pior que a doença e provocar uma intoxicação.

Os pais cujos filhos repetiram duas ou mais convulsões febris buscam uma medicação preventiva capaz de evitar a angústia de um novo episódio. No entanto, as medicações anticonvulsivantes não estão isentas de risco, têm efeitos secundários, devem ser tomadas continuamente e não garantem que não se volte a ter outra convulsão. Atualmente só são recomendadas em casos muito especiais.

8

Dor de cabeça

Em termos médicos, a dor de cabeça é denominada "cefaleia". É uma das dores mais frequentes em todas as idades e tem muitos tipos e causas. Neste capítulo propomos pesquisar a origem da dor e sobretudo reconhecer as dores de cabeça preocupantes, que podem indicar a presença de uma doença importante.

Dor de cabeça com febre

A febre, independentemente de sua causa, ocasiona dor de cabeça, às vezes muito intensa, e até contração dos músculos da nuca. A dor de cabeça decorrente de febre caracteriza-se sobretudo por desaparecer com a administração de um antitérmico e a redução da febre. É a dor típica da gripe, assim como de muitos resfriados, amigdalites, otites etc. Todas as doenças infecciosas podem causar cefaleia.

Uma infecção muito temida, e muito perigosa, é a meningite, que causa febre e dor de cabeça. Será descrita no capítulo 28, mas já podemos antecipar que a meningite evolui também com outros sintomas muito evidentes, como vômitos, rigidez de nuca, convulsões, paralisia e outros sintomas de alteração do sistema nervoso.

As dores de cabeça produzidas pela febre costumam ser agudas, manifestam-se de repente, mas cedem logo. Não são preocupantes nos seguintes casos:

a) Se forem acompanhadas de sinais de doença respiratória como catarro e tosse.
b) Se cederem quando a febre passar.

Dor de cabeça sem febre

As dores de cabeça sem febre podem ser provocadas por muitas causas, mas as mais frequentes são a cefaleia tensional e a enxaqueca.

A CEFALEIA TENSIONAL

A cefaleia tensional afeta sobretudo crianças mais velhas e adolescentes, e é mais frequente nas meninas. A causa da cefaleia tensional é o estresse psicológico, por isso afeta mais as crianças sensíveis, ansiosas ou muito responsáveis. Costuma ter origem na escola, em virtude de provas, avaliações, problemas de relacionamento com professores ou com colegas etc. Também pode originar-se na família, se houver tensões ou problemas de relacionamento familiar que perturbam a criança. Além da própria cefaleia, a criança pode ter insônia, bem como cansaço durante o dia. Por esse motivo, também é chamada "síndrome tensão-cansaço". Às vezes também é acompanhada de dor abdominal, na chamada "somatização de um conflito psíquico" (ver o capítulo 6).

A cefaleia tensional caracteriza-se por uma dor difusa, constante, opressiva, mais intensa na parte posterior da cabeça e mais frequente durante a tarde ou a noite, embora possa durar todo o dia. A dor tensional tem algumas características que a diferenciam de outras dores:

a) Não é pulsátil nem fica martelando (características da dor de enxaqueca).

b) Não vem acompanhada de vômitos, perda do equilíbrio, visão embaçada, nem faz acordar à noite.

c) É acompanhada de cansaço e de tristeza, a criança fica murcha e tem pouca vontade de brincar.

d) Se a origem estiver na escola, desaparece durante as férias.

e) Se for de origem familiar, melhora ou desaparece quando se soluciona o problema que origina a tensão.

O tratamento da dor de cabeça tensional consiste em eliminar a causa do estresse com uma mudança de atitude perante os problemas, coisa nem sempre fácil de conseguir. É preciso diminuir o grau de exigência e responsabilidade da criança, falando dos problemas e redirecionando a situação que ocasiona a tensão.

A ENXAQUECA

A enxaqueca ou hemicrania costuma afetar crianças que têm antecedentes familiares desse tipo de dor de cabeça: pais, avós, tios etc. A dor da enxaqueca é muito peculiar: antes que comece, a criança pode ter uma "aura", que são sensações estranhas, como ver luzinhas, moscas voando, sensação de adormecimento e de formigamento nos lábios ou nos dedos. A criança que sofre dessa dor fica esquisita antes da crise e sabe que vai ter uma enxaqueca.

A dor da enxaqueca tem estas características:

a) Localiza-se na testa, nas têmporas. Se afetar toda a cabeça, dói mais na parte frontal.

b) Às vezes, a dor só afeta metade da cabeça (hemicrania).

c) A dor é pulsátil, como um latejar ou marteladas muito intensas.

d) Costuma ser acompanhada de mal-estar, dor abdominal, náuseas, vômitos e aversão ao barulho e à luz (fotofobia).

e) Nas crises intensas, podem surgir sintomas neurológicos, como alteração do equilíbrio ou visão embaçada.

A dor da enxaqueca costuma ser intensa e desagradável. A criança cessa sua atividade normal e quer ficar deitada em um quarto sem barulho e no escuro. A causa da enxaqueca não está totalmente esclarecida, mas são conhecidos seus fatores predisponentes e desencadeantes:

a) *Fator familiar*: a grande maioria das crianças que sofre de enxaqueca tem familiares que a apresentam.

b) *Fator desencadeante*: a crise de dor costuma ser desencadeada por estresse emocional, exercício físico intenso, luzes fortes intermitentes e até pela alteração hormonal da menstruação. Com muito menos frequência pode ser desencadeada pela ingestão de determinados alimentos, como o chocolate.

Algumas meninas mais velhas muito sensíveis podem ter ao mesmo tempo crises de enxaqueca e crises de cefaleias tensionais. Atualmente, a enxaqueca tem um tratamento muito eficaz, com alguns medicamentos bem seguros. Como todos os medicamentos, eles devem ser prescritos pelo médico.

Outras causas de dor de cabeça

Outras causas menos frequentes de dores de cabeça são:

a) Exercício físico intenso.
b) Batidas durante as brincadeiras ou a prática de esportes.
c) Distúrbios da refração ocular, como miopia ou hipermetropia.

Essas dores de cabeça geralmente não são intensas e desaparecem quando se soluciona a causa.

Há uma doença, felizmente muito rara, que ocasiona uma cefaleia intensa: o tumor cerebral. A dor de cabeça do tumor cerebral é característica: é intensa, mais aguda à noite (acorda a criança) e também de manhã, e provoca um vômito muito forte, em jato ou em explosão, quando a criança ainda está em jejum ou depois do café da manhã. A dor é diária e acompanhada de mudanças de comportamento muito evidentes; a criança parece outra. Em fases mais avançadas, há alterações da visão e sintomas neurológicos. Diante de uma dor com essas características, deve-se consultar o médico imediatamente.

Sinais de alerta em caso de dor de cabeça

As dores de cabeça preocupantes, que podem ser sinal de uma doença grave e que, portanto, são motivo de atendimento no pronto-socorro são:

a) As acompanhadas de febre muito alta e vômitos fortes, "em explosão".

b) As acompanhadas de sonolência, isto é, tendência ao sono profundo com escassa resposta aos estímulos.

c) As acompanhadas de alterações dos sentidos ou sinais neurológicos, como visão embaçada, desvio de um olho (estrabismo), movimentos anormais descoordenados etc.

9

Inchaços

Os "inchaços" ou proeminências que aparecem nas crianças relacionam-se a dois tipos de problema: as hérnias e os gânglios aumentados, também chamados "adenopatias".

Hérnias

As hérnias das crianças aparecem em dois lugares diferentes: no umbigo e na virilha. São decorrentes da existência de pequenas falhas da parede do abdome que fazem com que uma área seja menos forte e ceda à grande pressão interna. Quando a criança faz força, os músculos abdominais se contraem e a hérnia se torna mais aparente. Quando a criança está relaxada ou dorme, a hérnia "entra" outra vez no abdome e não é percebida. Às vezes, ela "diminui" se é empurrada com a mão.

A hérnia do umbigo (hérnia umbilical) aparece porque o orifício da parede abdominal pela qual sai o umbigo (resquícios do cordão umbilical) ainda não fechou completamente. É tão frequente nos primeiros meses de vida que é considerada normal. O tamanho é muito variável, indo desde o de uma azeitona até o de uma pequena bola. É muito mole e, ao ser tocada, pode fazer barulho de água, porque na verdade é o intestino que sai pela hérnia e seu conteúdo produz o som.

A hérnia umbilical é benigna porque:

a) Não dói nem incomoda.

b) Sempre desaparece por si só, isto é, cura-se sozinha, sem necessidade de tratamento.

A única peculiaridade é que seu desaparecimento às vezes é muito lento, podendo demorar meses ou até anos, porque o orifício herniário da parede vai se fechando pouco a pouco à medida que a criança cresce. Não é preciso se preocupar, nem apertá-la com cintas, colocar bandagens ou esparadrapos. Às vezes os pais têm a impressão de que ela não se fecha porque sempre parece igual; no entanto, o processo é lento mas seguro. Algumas hérnias bem grandes, muito poucas, talvez não se fechem sozinhas e necessitem de intervenção cirúrgica.

As hérnias da virilha (hérnias inguinais) têm o comportamento contrário: a maioria não desaparece sozinha e quase sempre requer intervenção cirúrgica. São mais frequentes em meninos que em meninas, sobretudo nos prematuros.

A hérnia inguinal pode aparecer em qualquer idade. Manifesta-se por um inchaço mole na virilha ou no escroto (a bolsa que contém os testículos). O inchaço aparece e desaparece, mas costuma aumentar quando a pressão no interior do abdome aumenta, isto é, quando a criança chora, tosse ou faz força para evacuar. Algumas pequenas hérnias podem sarar sozinhas, mas as médias ou grandes têm muito poucas possibilidades de desaparecer espontaneamente e requerem intervenção cirúrgica.

O conteúdo do "inchaço" da hérnia inguinal é um pedaço do tubo intestinal, que normalmente volta para o interior do abdome quando a hérnia "é reduzida". No entanto, quando ela não entra ao ser empurrada, pode haver um estrangulamento (ou encarceramento), uma complicação que exige uma intervenção cirúrgica de emergência. A hérnia estrangulada tem alguns sinais característicos:

a) Dói muito.
b) Torna-se dura.
c) Nas etapas avançadas, fica de cor vermelha ou roxa, e a criança tem muita dor e pode vomitar.

Em caso de hérnia estrangulada, é preciso ir rapidamente ao pronto-socorro.

Gânglios ou adenopatias

São denominadas "adenopatias" os gânglios linfáticos aumentados de tamanho. Esses gânglios servem para nos defender dos micróbios e há centenas deles em todo o corpo, distribuídos por diferentes regiões. Fazem parte do "tecido linfático", que também inclui as amígdalas ou tonsilas e as adenoides. Os gânglios linfáticos ou linfonodos produzem células de defesa (linfócitos defensores) que impedem que os microrganismos penetrem no corpo, levando a infecções generalizadas.

Normalmente, os gânglios linfáticos têm um tamanho que passa quase despercebido, como um grão de arroz ou no máximo uma lentilha. No entanto, quando ocorre uma infecção na área que estão defendendo, esses gânglios tornam-se maiores porque sua produção de células de defesa aumenta rapidamente. Nesse caso, podem ser palpáveis e até visíveis, destacando-se sob a pele. O gânglio aumentado pode ser doloroso ao ser tocado.

É mais comum encontrar gânglios volumosos nas crianças do que nos adultos por duas razões:

a) As infecções são mais frequentes nas crianças, sobretudo nas menores.

b) A reação delas à infecção é mais intensa porque estão criando e fortalecendo seus mecanismos de defesa.

Os gânglios que costumam aumentar mais de tamanho nas crianças são os do pescoço, sobretudo os localizados abaixo da mandíbula e detrás das orelhas. São os que agem em casos de infecções da garganta, do nariz e dos ouvidos, que são as mais frequentes nas crianças. Na maioria das vezes, depois de a criança ter superado a infecção, os gânglios continuam volumosos e às vezes demoram várias semanas para desaparecer.

Algumas adenopatias do pescoço especialmente grandes são as da chamada "mononucleose infecciosa", doença causada por um vírus muito persistente que pode demorar até três meses para desaparecer.

O que fazer no caso de adenopatias?

Se após uma infecção aparecerem gânglios, como os do pescoço após uma infecção respiratória, e diminuírem por si sós em poucos dias, não é preciso se preocupar, já que é um fenômeno normal. A infecção pode ser mais intensa e propagar-se para o interior do gânglio, que se torna doloroso e muito maior. A pele da região pode ficar mais quente e avermelhada. Essa infecção do gânglio é chamada "adenite". Nesses casos, deve-se consultar o pediatra, já que é necessário um tratamento para combater a infecção. O médico também deve ser consultado quando os gânglios aparecem em regiões como as axilas ou a virilha, cujos gânglios não costumam aumentar. Em geral, é recomendável consultar o pediatra sempre que:

a) O gânglio for maior que 2 centímetros.

b) O locar estiver vermelho, quente ou doer ao ser tocado.

c) Houver febre alta.

d) Com o passar do tempo o gânglio aumentar em vez de diminuir de tamanho.

e) A criança tiver alguma outra manifestação de doença, como emagrecimento, cansaço, palidez etc.

10

Enurese

Muitas crianças maiores continuam urinando na cama involuntariamente. São crianças normais que ficam muito preocupadas com esse fato, que não conseguem controlar. Isso pode ser motivo de distúrbios familiares e de relacionamento com outras crianças. Nem elas nem seus pais compreendem por que isso acontece. A segurança e a autoestima da criança enurética ficam diminuídas, e ela esconde tal ocorrência dos amigos e colegas. Em suma, é um fato traumático que deve ser solucionado.

Neste capítulo, explicamos aos pais por que acontece a enurese noturna e qual a solução para esse problema.

Controle dos esfíncteres

Os esfíncteres são os músculos circulares que, ao se contrair, fecham a passagem da urina armazenada na bexiga. Também há esfíncteres no final do intestino (o reto e o ânus) para fechar a passagem das fezes. Quando esses músculos se relaxam, voluntária ou involuntariamente, ocorre a emissão de urina ou de fezes.

Afirma-se que uma criança controla os esfíncteres quando já não deixa escapar o xixi involuntariamente, e pede para ir ao banheiro quando sente necessidade. A idade em que as crianças adquirem esse controle é muito variável, assim como a idade em que atingem outros marcos do desenvolvimento psicomotor, como a linguagem ou a capacidade de caminhar sem apoio. Cada criança é diferente e as diversas funções não são adquiridas de modo uniforme. Também é diferente a idade em que se controlam os esfíncteres durante o dia (controle diurno) e durante a noite (controle noturno).

A maioria das crianças adquire o controle diurno dos esfíncteres entre os 2 e os 3 anos de idade. Embora cada criança cresça e se desenvolva em um ritmo diferente, a maioria já controla e pede para ir ao banheiro aos 3 anos, momento em que pode largar a fralda.

Retirada da fralda

A retirada da fralda deve ser progressiva, nunca repentina. Deve adaptar-se ao ritmo de amadurecimento da criança, que pode ser lento, e seguir algumas etapas de "aprendizagem do penico". Muitas crianças têm medo de sentar no vaso sanitário porque é alto, sentem-se inseguras, pensam que vão cair etc. Os adaptadores de tampas para privadas podem ser úteis para dar segurança a elas, mas não é preciso ter pressa e pode-se usar o penico todo o tempo que for necessário.

A aprendizagem ou treinamento pode começar por volta dos 2 anos e meio, tirando a fralda por um tempo e deixando o penico por perto e à vista da criança. É preciso incentivá-la a sentar-se nele com frequência para tentar fazer xixi e cocô. Nunca se deve obrigá-la. A aprendizagem do penico nunca deve ser motivo de tensões ou brigas. Se a criança tiver medo de sentar no penico, o treinamento deve ser abandonado por um período e reiniciado várias semanas depois.

O treinamento deve ser iniciado nos momentos em que se estiver em casa brincando com a criança. Através da brincadeira, deve-se estimular a criança a se sentar no penico periodicamente, elogiando-a quando conseguir fazer xixi nele. Nessa fase inicial, ela deve usar fralda quando sair.

Embora o aprendizado possa ser feito em qualquer época do ano, é preferível iniciá-lo no verão, já que a criança usa menos roupa e é mais cômodo. O controle da urina e das fezes costuma ser obtido simultaneamente, mas algumas crianças aprendem primeiro um, depois outro.

Não raro a criança parece controlar os esfíncteres em certos dias, mas em outros não, quando está mais nervosa ou distraída. Um acontecimento extraordinário, como começar a ir à escola, a faz perder o controle que parecia ter. São fatos normais que não são motivo para repreendê-la.

De noite, a criança deve continuar com a fralda. Mesmo que muitas crianças já controlem os esfíncteres à noite por volta dos 3 anos de idade, é normal fazer xixi à noite até os 5 anos.

Enurese noturna

Quando a criança continua molhando a cama depois dos 5 anos, considera-se que tem enurese noturna. A enurese não é uma doença, nem sequer um distúrbio, mas um "atraso maturativo", isto é, a criança demora mais que o habitual para adquirir a função do controle noturno da diurese. Muitas crianças são continentes alguns dias e enuréticas em outros. No total, a enurese noturna afeta uma em cada oito crianças. A criança enurética não tem nenhum distúrbio orgânico, nem nos rins nem na bexiga urinária, simplesmente o mecanismo de retenção não amadureceu de todo.

As causas da enurese são variadas e não conhecidas completamente. Pode ser decorrente de um sono profundo demais ou de um nível baixo do hormônio que diminui a produção de urina durante a noite. As causas podem ser também psicológicas. A enurese noturna acontece sobretudo nas crianças que já não molhavam a cama, mas que passaram por um acontecimento que alterou seu psiquismo, como a mudança de escola, de professores, o nascimento de um novo irmão, problemas de relacionamento com os pais etc. Nessas circunstâncias, a criança perde temporariamente alguns dos marcos maturativos que havia obtido (regressão maturativa). Muito raramente a enurese é sintoma de uma doença orgânica, por isso não exige estudos, exames ou investigações clínicas.

Tratar ou não tratar a enurese?

Muitos pediatras acham que a enurese não deve ser tratada porque sempre se cura de forma espontânea, quando a criança avança no processo de amadurecimento. O problema é que não se pode prever se isso acontecerá quando a criança tiver 6 anos ou quando tiver 10. Esse atraso pode repercutir no psiquismo da criança, que pode ter sentimentos de vergonha, de culpa e diminuir a confiança em si mesma. Também pode afetar negativamente sua vida social, já que ela esconde esse fato de seus amigos e não pode dormir fora de casa para que isso não seja descoberto. Pode ainda influir de modo negativo no rendimento escolar da criança. Por esse motivo deve-se tentar acelerar a resolução da enurese.

A enurese requer uma série de medidas gerais, que muitas vezes resolvem o problema. São as seguintes:

a) Falar com naturalidade sobre o problema para diminuir a ansiedade da criança e a falta de segurança em si mesma. Deve-se explicar a ela, com palavras simples, que não é um problema importante, apenas incômodo, que não terá repercussão alguma e que desaparecerá em pouco tempo.

b) Não culpar a criança, porque ela não faz isso de propósito. Não zombar do problema, sobretudo na presença de pessoas de fora da casa. Para a criança, pode ser um trauma ainda mais intenso.

c) Não ficar nervoso se o tempo passar e o problema não for solucionado. É essencial evitar qualquer tensão no que se refere a essa questão.

d) Motivar a criança a colaborar na resolução do problema de forma natural. Não colocar fralda nela. Ela deve ser incentivada e elogiada no dia em que se levantar seca, mas nunca levar bronca quando se levantar molhada.

e) Duas medidas são essenciais para deixar a bexiga menos cheia à noite e assim diminuir a possibilidade de escapar urina: 1) a criança não deve beber água, ou beber muito pouca, duas horas antes de deitar; 2) ainda mais importante: ela deve urinar imediatamente antes de dormir.

Com essas medidas simples e o decorrer de alguns meses, muitas crianças tornam-se continentes. Algumas conseguem ficar sem molhar a cama uns dias e em outros não. É um bom sinal, que significa que o problema está sendo resolvido.

Se todas essas medidas forem ineficazes, depois de mais ou menos seis meses pode-se passar à fase seguinte, o tratamento propriamente dito.

Tratamento da enurese

A enurese só deve ser tratada quando se constatar que as medidas anteriores não deram resultado, e nunca antes dos 6 anos. Deve começar sempre com o uso dos alarmes, também chamados "pipi-stop".

Os alarmes são despertadores ativados quando a criança urina à noite. Consistem em uma esponja que se coloca no pijama da criança e que, quando é molhada, aciona um circuito elétrico que funciona com pilhas, fazendo tocar um alarme que acorda a criança. O fundamental do alarme é que a criança levante para terminar a micção no banheiro. Dessa maneira, treina-se e acostuma-se o esfíncter urinário, que controla a emissão de urina.

Os alarmes são incômodos para as crianças e para os pais, mas são bastante eficazes: em mais da metade dos casos resolvem a enurese. Claro que não imediatamente. São necessárias semanas e até meses de tratamento, e é preciso que também sejam cumpridas as medidas gerais expostas na seção anterior.

Se os alarmes também fracassarem, existe ainda a possibilidade de outro tratamento, com dois tipos de medicamentos. Só se deve recorrer ao tratamento medicamentoso da enurese depois de constatar o fracasso de todas as medidas anteriores e, em qualquer caso, após os 6 anos de idade. Como os medicamentos para a enurese podem ter efeitos colaterais, que os pais devem conhecer, o tratamento sempre deve ser indicado e controlado pelo pediatra da criança.

11

Tosse

Todas as crianças tiveram tosse, a maioria em várias ocasiões. Neste capítulo explica-se por que ocorre a tosse, como distinguir os diversos tipos de tosse e, sobretudo, aquelas que precisam de tratamento.

O reflexo da tosse

A tosse é um reflexo de defesa, útil, que faz parte do mecanismo de limpeza do sistema respiratório, que o defende da presença de substâncias estranhas. O interior de tudo o que é denominado "vias respiratórias", isto é, os condutos pelos quais passa o ar exterior para entrar nos pulmões, tem um mecanismo muito sensível que detecta imediatamente qualquer substância ou secreção que as invade ou causa irritação. O estímulo interno de qualquer parte das vias respiratórias desencadeia o mecanismo da tosse, que lança o ar com grande força e velocidade para expulsar as substâncias estranhas ou o catarro ali presentes.

Além de ser um mecanismo de limpeza, a tosse é um aviso de que o interior da árvore respiratória não está totalmente bem e há algo que a irrita. No entanto, com muita frequência a causa que provocou a tosse desaparece, mas esta ainda persiste, transformando-se em um problema por si só.

A tosse também pode aumentar ou até perpetuar-se por causas psíquicas ou fatores psicológicos. Podemos tossir voluntariamente ou ainda ter um pouco de tosse involuntária, mas aumentar sua frequência ou forçar sua intensidade de maneira voluntária.

Causas da tosse aguda

A causa mais frequente da tosse repentina ou tosse aguda são as infecções respiratórias, isto é, o resfriado comum ou a rinofaringite aguda. Essas infecções caracterizam-se porque, além de tosse, sempre aparecem catarro e congestão nasal, e muitas vezes também febre. Na maioria dos casos, são originadas por vírus (ver o capítulo 18). O período agudo costuma durar de dois a quatro dias, mas a tosse úmida, com catarro, persiste durante mais tempo, até duas semanas. São mais comuns no inverno e nas crianças que frequentam creches porque têm maior possibilidade de contágio. Não é raro que as crianças pequenas tenham quatro ou cinco resfriados a cada inverno. Algumas vezes, quando a tosse do resfriado anterior ainda não cessou, elas iniciam outro resfriado diferente e voltam a tossir. Parece que a tosse dura um mês e, no entanto, isso ocorre porque engataram dois episódios sucessivos.

Uma tosse muito característica é a "tosse de cachorro", de tom muito grave, que às vezes é acompanhada de mudanças na voz (afonia ou disfonia). É típica da laringite ou crupe (ver o capítulo 27).

As infecções dos brônquios (bronquite) e dos pulmões (pneumonia) também ocasionam tosse, com a característica de ser úmida, isto é, vir acompanhada de secreções. As mucosidades produzem som ao tossir, até ao respirar, e ouvem-se ruídos no peito como borbulhas de água (ver o capítulo 29).

A tosse seca, sem catarro nem secreções, e também de predomínio noturno, que pode acordar a criança, pode estar relacionada a um broncospasmo ou a uma asma brônquica. A característica é um assobio ou apito que aparece no peito ao final da expiração (ver o capítulo 16).

Outra tosse típica é a que aparece na tosse comprida ou coqueluche. Essa doença tornou-se menos frequente porque existe uma vacina contra ela, administrada nos primeiros meses de vida (ver a seção "As vacinações", na terceira parte). No entanto, pode afetar as crianças vacinadas de modo insuficiente ou as tão pequenas que não tiveram tempo de completar a vacinação. A tosse característica consiste em acessos seguidos, em espasmos, que termina em um ruído agudo inspiratório característico. A criança fica congestionada durante o acesso, seu rosto fica vermelho e ela passa mal.

Causas da tosse crônica

Tosse crônica é a que persiste durante mais de duas ou três semanas. Deve ser diferenciada da tosse que dura muito tempo porque a criança tem dois resfriados seguidos.

Mais da metade dos casos de tosse crônica são causados pelas adenoides volumosas (ver o capítulo 15). A tosse caracteriza-se por ser constante, não muito forte, mas incômoda por sua repetição. Além disso, é mais intensa quando a criança está deitada, em posição horizontal, sobretudo à noite. Pode aumentar também quando a criança corre ou brinca. Essa tosse é decorrente da secreção de catarro pelas adenoides. O catarro cai da parte posterior do nariz até a garganta, irritando-a e estimulando o reflexo da tosse. A criança costuma ficar bem, sem febre, com vontade de brincar e aparentemente saudável, mas a tosse persistente preocupa os pais.

A tosse crônica também é característica de doenças menos frequentes como a asma, o refluxo gastroesofágico ou a aspiração de corpos estranhos. Em todos esses distúrbios, a tosse é seca e não úmida, como nas infecções.

Todas as tosses crônicas requerem consulta com o pediatra.

Como distinguir os tipos de tosse?

As características da tosse permitem diferenciá-la e indicar sua causa:

a) A tosse "branda", com catarro e às vezes febre, é decorrente de uma infecção respiratória: resfriado, rinofaringite, bronquite etc.

b) A tosse "seca" pode ser causada por asma, faringite, corpo estranho etc.

c) A tosse "de cachorro", de tom grave ou baixo, é típica da laringite (crupe).

d) A tosse em crises repetitivas, seguida de ruído característico, com vermelhidão do rosto, é típica da tosse comprida.

e) A tosse de predomínio noturno, ou quando a criança está deitada, acompanhada de nariz entupido que dificulta a respiração nasal, é típica das adenoides volumosas.

f) A tosse que, ao contrário da anterior, melhora ou desaparece completamente com o sono pode ter um componente psicológico ou "nervoso".

Tratamento da tosse

Quando a tosse é "úmida", produtiva, isto é, acompanhada de catarro, não se deve tentar eliminá-la, porque então se dificulta o mecanismo de expulsão do muco. A criança pode acumular secreções se não tossir e, portanto, pode piorar sua situação. No entanto, as seguintes medidas podem ajudar a tosse a expulsar o catarro:

a) Quando o nariz estiver entupido pelas secreções, lavar as narinas com soro fisiológico (água com sal). Depois de tentar limpar as secreções mais externas ou, se a criança for maior, fazer com que ela assoe o nariz, instila-se um conta-gotas de soro fisiológico em cada narina. Convém que a criança esteja deitada com a cabeça em posição lateral e que a instilação seja feita com energia. Pode-se repetir a manobra se o nariz voltar a entupir.

b) O catarro fica mais solto se o ar que a criança respira estiver carregado de vapor d'água, por isso convém colocar um umidificador no quarto.

c) O catarro também fica mais solto se a criança tomar muita água.

A tosse seca e persistente geralmente requer o uso de medicamentos, sobretudo se impedir a criança de ter vida normal. Como todos os medicamentos, eles devem ser indicados pelo médico depois de avaliar a causa da tosse. Alguns remédios antitussígenos podem ter efeitos colaterais.

Quando se deve consultar o médico com urgência?

A tosse pode vir acompanhada de algumas circunstâncias que tornam necessária a consulta urgente. São as seguintes:

a) Dificuldade para respirar, isto é, a criança respira muito depressa, com esforço, ou o ar parece entrar com muita dificuldade nos pulmões.

b) A criança tem crises de tosse muito seguidas e fica com os lábios azulados ou roxos, ou parece esgotada, como que exausta.

c) Além de tosse e febre, a criança tem dor no peito.

d) Nos bebês muito pequenos que ficam sem respirar depois da tosse.

Também devem passar pela consulta, mas sem urgência, todos os casos de tosse persistente, que durem mais de três semanas, sobretudo se interferirem na vida normal da criança, alterando seu sono ou dificultando sua alimentação.

12

Vertigens e desmaios

As vertigens ou desmaios, também chamados "síncopes vasovagais", consistem na perda transitória da consciência. A criança tem uma sensação de movimento da cabeça, de perda de equilíbrio, sua visão fica embaçada, ela empalidece e perde a força e a consciência. Não consegue ficar de pé e cai no chão, podendo se machucar. Isso dura apenas uns poucos segundos, e a consciência é recuperada de modo espontâneo. Como é natural, o susto dos familiares ou dos que presenciam o episódio é muito grande. As meninas, sobretudo as maiores e as adolescentes, são as que mais costumam senti-las.

Por que ocorrem os desmaios?

Os desmaios ou síncopes vasovagais ocorrem porque há uma redução brusca do sangue que chega ao cérebro. Esse órgão vital não pode funcionar bem sem uma irrigação sanguínea constante. Como o cérebro governa o tônus muscular, a manutenção do equilíbrio e a consciência, essas funções são momentaneamente perdidas. Porém, em pouco tempo o sangue volta a fluir para a cabeça e essas funções voltam à normalidade. Podem ser várias as causas que provocam essa redução da irrigação sanguínea:

a) O excessivo calor ambiental, em dias de verão ou em espaços fechados, sufocantes. O calor faz com que o sangue se concentre mais na pele para tentar esfriá-la e diminui, assim, o sangue que chega ao cérebro.

b) Mudanças bruscas de postura (hipotensão postural ou ortostatismo), em especial ao levantar rapidamente da posição deitada ou sentada para ficar de pé. O sangue "desce" para as pernas e o que "sobe" para o cérebro diminui.

c) Em situações de tensão emocional, medo, dor ou estresse da criança, como, por exemplo, quando presencia algo que a assusta ou ao ver a agulha com que será aplicada uma injeção ou retirado sangue. Nesses casos, os nervos vagos são ativados e ocorrem mudanças na distribuição do sangue para as diversas partes do corpo.

d) Outras causas menos frequentes são as decorrentes de esforços ao evacuar, ao tossir forte, depois de um jejum prolongado etc.

Existe uma predisposição aos desmaios: algumas crianças desmaiam com facilidade e outras não. Há até um componente familiar, com adultos também predispostos.

Características do desmaio

O desmaio ou síncope vasovagal deve ser diferenciado de outros acontecimentos semelhantes nos quais também pode ocorrer perda de consciência. O desmaio se distingue porque:

a) Dura poucos segundos: normalmente dura menos de quinze segundos e sempre menos de um minuto. Os episódios de perda de consciência que duram mais tempo não são desmaios.

b) Aparece de repente, com perda da postura em que a criança estava e tendência a cair. A criança às vezes percebe e diz: "Estou tonto", e tenta deitar para não se machucar.

c) Vem acompanhado de sintomas vagais, como objetos que giram, palidez (as crianças ficam brancas), suor frio e sensação de náusea.

d) Sempre cede de forma espontânea, sobretudo se a criança é colocada em posição horizontal. Às vezes cessa tão rápido que a maioria das crianças não perde totalmente a consciência.

e) Não vem acompanhado de rigidez do corpo nem de movimentos das extremidades.

O que fazer em caso de desmaio?

Caso se presencie o início do desmaio, quando a criança começa a sentir tontura e diz isso, é preciso segurá-la para evitar que caia. Em seguida, deve-se colocá-la deitada em posição horizontal e levantar suas pernas para que o sangue aflua com mais rapidez ao cérebro. A recuperação sempre ocorre em poucos segundos. A criança fica pálida e transpira, mas permanece consciente e quer levantar.

Não é necessária nenhuma outra manobra, como jogar-lhe água fria, dar-lhe tapas etc. Deve-se controlar a respiração para verificar se está normal e manter a tranquilidade para evitar que a criança se assuste mais quando recuperar a consciência. Se essa recuperação ocorrer em poucos segundos, não serão necessários outros cuidados.

Se o episódio não tiver a sequência e a cronologia descritas e apresentar características diferentes, é possível que não se trate de uma síncope vasovagal. Será preciso descartar outras causas, como, por exemplo, problemas cardíacos, queda do nível de açúcar no sangue (crise de hipoglicemia), acessos de outro tipo (enxaqueca, epilepsia), intoxicação por medicamentos etc. Em todos esses casos deve-se consultar o médico.

13

Transtornos do sono

Muitas crianças não têm problema para dormir, porém cerca de um terço das maiores de 8 meses dormem mal, custam a dormir ou acordam à noite pedindo a presença dos pais.

O sono da criança afeta toda a família. Se uma criança dorme mal à noite, o comum é que os pais também durmam mal. No dia seguinte, todos estarão cansados e irritadiços. A falta de descanso noturno afeta a convivência familiar, o rendimento no trabalho, as relações sociais e o apetite da criança. Se o problema se prolonga, muitos pais ficam esgotados e procuram uma solução urgente, até em forma de medicamentos. Desconhecem que a maioria dos transtornos do sono das crianças são decorrentes de hábitos inadequados e que podem ser prevenidos e tratados com algumas regras simples de aprendizagem do sono.

Quantas horas as crianças devem dormir?

Cada criança é diferente e existem variações individuais em relação à quantidade de horas de sono e à sua distribuição. Deve-se permitir que a criança durma quanto precisar para levantar descansada e contente, mas é preciso regularizar seus horários progressivamente para levá-la a adquirir os hábitos adequados que facilitam o sono.

Quanto menores as crianças, mais horas elas dormem. O recém-nascido pode dormir de dezoito a vinte horas diárias, o lactente de treze a quinze, o escolar por volta de dez, enquanto o adolescente necessita de nove horas diárias de sono.

Os hábitos do sono normal também são diferentes em cada idade:

a) O recém-nascido não distingue o dia da noite. Acorda quando tem fome ou quando se sente incomodado porque está molhado, tem calor, frio etc. Os períodos de sono são curtos porque ele é alimentado muitas vezes ao dia.

b) Por volta dos 3-4 meses de idade, começa a ser estabelecido o que se denomina "ritmo sono-vigília". Embora o bebê durma um total aproximado de catorze ou quinze horas diárias, já tem um período noturno de sono prolongado, entre cinco e oito horas. Durante o dia, tira várias sonecas mais curtas, depois de cada mamada.

c) Em torno dos 6-7 meses de idade, o bebê já costuma prolongar mais o sono noturno. É o momento de trocá-lo de quarto. Deve dormir em seu quarto e deixar o dos pais. Desse modo, acostuma-se a dormir sozinho e adquire o hábito que previne os problemas do sono. Quando acordar à noite, não deve ser alimentado, pois já não precisa de alimento nessa hora, e, se possível, não se deve acender a luz para não interromper seu sono e permitir que o recupere mais facilmente. Deve-se acariciá-lo, sussurrar em seu ouvido, tranquilizá-lo, mas não pegá-lo no colo para que não associe a recuperação do sono com os braços maternos. Durante o dia, nessa idade, os bebês costumam tirar duas ou três sonecas curtas.

d) Depois de 1 ano de idade, a criança já consegue dormir à noite até doze horas seguidas, embora continue tirando uma soneca curta durante o dia.

Como se ensina a dormir?

A aprendizagem de qualquer hábito baseia-se na repetição, isto é, na rotina. Consiste em fazer sempre as mesmas coisas e em um horário igual, sem grandes variações. Os pais devem transmitir segurança, carinho e apoio à criança. Não deve haver pressa, brigas, nem intranquilidade, mas a criança deve aprender a iniciar o sono sozinha. O ato de iniciar o sono não deve ser associado a nada que tenha que ser retirado tão logo a criança adormeça. Por essa razão, não se deve fazer a criança dormir no colo para depois colocá-la no berço ou na cama. Se o colo for utilizado para adormecer ou embalar a criança, ela irá associá-lo ao início do sono, e, quando acordar à noite, será preciso segurá-la novamente no colo para que volte a dormir. A criança deve pegar no sono por si só, sem a presença dos pais; dessa forma, se acordar, poderá voltar a dormir sem eles. É essencial que depois dos 6-7 meses de idade a criança durma em seu próprio quarto, e não no quarto dos pais.

Para ensinar a criança a dormir é preciso seguir uma série de passos, sempre iguais e em um horário semelhante. Assim como o horário das refeições, a hora de deitar deve ser regular. Não é preciso ser escravo do relógio, mas a criança não deve deitar depois das 9 da noite.

Nas horas anteriores ao início do sono, deve-se garantir um ambiente de tranquilidade, sem brincadeiras estimulantes, nem televisão nem brigas. A repetição dos rituais é essencial: banho diário, colocar o pijaminha, jantar, pegar o bichinho de pelúcia ou o brinquedo preferido para dormir, o cobertorzinho predileto etc. Pode-se brincar um pouco com ela na cama, ou contar-lhe uma história, ou ler, mas após os beijos e carícias deve-se sair do quarto antes que ela adormeça. Estes pontos são importantes:

a) Horário regular, banho prévio e repetição de rituais.

b) Deitá-la sempre acordada e não quando ela adormeceu no sofá.

c) Sair do quarto antes que ela adormeça.

d) Nunca fazê-la dormir no colo.

O objetivo não é apenas que a criança adormeça por si mesma, mas que, quando acordar à noite, volte a dormir sozinha. Se ela despertar e chorar ou reclamar, é preciso ir até o quarto para tranquilizá-la, mas sem fazer nenhuma manobra que a criança possa associar ao sono (dar-lhe a mamadeira, niná-la etc.), porque pedirá isso repetidamente nas próximas vezes.

O que é insônia?

Há muitas crianças saudáveis que não têm nenhum problema, mas dormem mal. Têm dificuldades para começar a dormir e numerosos despertares noturnos. A maioria dessas insônias ocorre por hábitos de sono incorretos e são denominadas "alteração do sono por falta de rotinas".

O que caracteriza a insônia por hábitos incorretos é que a criança não consegue dormir sozinha e, quando acorda à noite, não recupera o sono sem a ajuda dos pais. Estes precisam criar truques e manobras para que ela volte a dormir: levam a criança para a cama deles, a embalam no colo, passeiam com ela no carrinho, ligam a televisão para ela etc. Dessa maneira, a criança relaciona o ato de adormecer ao que é feito como rotina para fazê-la dormir, e cria-se um círculo vicioso ou hábito incorreto que se prolonga por meses e meses. À medida que a criança fica maior, é mais difícil solucionar esse problema.

A causa da insônia costuma ser o fato de as crianças não terem adquirido o hábito de dormir sozinhas nos primeiros meses de vida. Pelo contrário, adquiriram a necessidade de adormecer com qualquer manobra e precisam dela toda vez que acordam.

Como se deve tratar a insônia?

O único tratamento efetivo da insônia por alteração do hábito do início do sono é partir do zero e voltar a ensinar a criança a iniciá-lo por si só, sem a presença dos pais e sem nenhuma manobra. O objetivo não é apenas que ela adormeça sozinha, mas que também não precise dos pais quando acordar à noite.

A reeducação consiste em cumprir todos os passos que explicamos nas seções anteriores: horário regular, rotina, banho, pijama, jantar, bichinho de pelúcia, historinha, beijos, e que ela vá dormir ao saírem do quarto. Se a criança chorar e pedir a presença dos pais, chega a parte mais difícil desse processo de reeducação. É preciso tornar-se um pouco insensível ao choro da criança e não atendê-la logo, deixando-a chorar por alguns poucos minutos. Sempre é necessário atendê-la, mas prolongando cada vez mais o tempo de chegada: na primeira vez, deixa-se que ela chore durante dois ou três minutos; na próxima, durante cinco minutos, e assim sucessivamente. Toda vez que a atendermos devemos acariciá-la, falar com ela em sussurros carinhosos, tranquilizá-la, mas não pegá-la no colo, nem acender a luz. Assim que ela ficar tranquila, deve-se sair novamente de seu quarto, mesmo que ela torne a chorar. Por um lado, os pais devem atendê-la sempre para garantir à criança que está protegida, que estão ali, mas, por outro, precisam sair para que ela aprenda a dormir sozinha. Parece contraditório, mas não é.

Alguns pais não conseguem deixar a criança chorar durante muitos minutos sem pegá-la. No entanto, isso é imprescindível. A chave do sucesso é a paciência, o carinho e a segurança de que isso será efetivo. Em cerca de uma semana a maioria das crianças aprende a dormir sozinha. Os medicamentos para dormir são desaconselhados para a criança, salvo em raras ocasiões. Existe uma dupla razão:

a) São pouco efetivos e não resolvem o problema de base: o hábito incorreto.

b) Geram dependência, isto é, uma vez que se comece a utilizá-los, a criança se acostuma a eles e é muito difícil eliminá-los.

Pesadelos e parasonias

Embora o sono seja um período de recuperação e de descanso físico e mental, há uma parte do cérebro que não dorme e origina na pessoa diversas sensações e atividades, que podem ser psíquicas e até físicas. Vamos descrever as mais frequentes.

Pesadelos

Aparecem a partir dos 2 anos, mas são mais frequentes na criança maior. Quase metade das crianças teve alguma vez episódios de pesadelo. Consistem em sonhos de conteúdo assustador que fazem a criança despertar chorando. Quando ela se acalma com a presença dos pais, pode contar detalhadamente o que sonhou, quase sempre um acontecimento catastrófico e inverossímil.

É preciso acalmar a criança e explicar-lhe que é um sonho, que não tem nada a ver com a realidade, para que ela volte a dormir. Os adultos também têm pesadelos, que são um fenômeno normal, não sendo indicadores de nenhuma alteração. Em muitas circunstâncias ocorrem em consequência de se ter assistido a um filme violento ou de terror no cinema ou na televisão.

Movimentos rítmicos para dormir

São típicos do lactente e desaparecem depois dos 2-3 anos de idade. São movimentos que a criança realiza na fase de transição para o sono, quando ainda está acordada. Podem ser movimentos de oscilação da cabeça, cabeçadinhas seguidas na cama ou movimentos de embalar o próprio corpo: a criança fica de joelhos com o tronco flexionado, estendendo as mãos e realizando um balanço rítmico para a frente e para trás. Os movimentos rítmicos para dormir são normais e não precisam de tratamento nem de consulta médica.

Parasonias

As parasonias costumam ocorrer na primeira parte da noite, no período de sono profundo, e consistem em um despertar parcial ou incompleto. A criança não está nem totalmente adormecida nem totalmente acordada. As parasonias podem ser de vários tipos:

a) *Soniloquismo*: a criança fala enquanto sonha e mal se entende o que diz. Além disso, se mexe muito e muda constantemente de posição.

b) *Sobressaltos do sono e pernas inquietas*: a criança tem tremores, bruscos e isolados, do tronco ou das extremidades, ou ainda mexe muito as pernas, o que interfere em seu sono.

c) *Terrores noturnos*: a criança acorda de repente, gritando e chorando, muito assustada. Às vezes não reconhece os pais, que demoram a conseguir que se acalme. Pode ficar coberta de suor e inquieta, e não se lembra do que aconteceu.

d) *Sonambulismo*: é pouco frequente e tem um componente familiar. A criança levanta da cama, dormindo, dá alguns passos pelo quarto e até pode sair dele. Corre o risco de cair e se machucar gravemente. O episódio pode durar até meia hora e se repetir nos dias seguintes. É difícil acordá-la e, quando se consegue, a criança pode ficar confusa, desorientada e não se lembrar de nada.

Todos esses episódios costumam ser benignos, desaparecem sozinhos e não requerem tratamento nem nenhuma medida especial. Deve-se evitar que a criança veja cenas na televisão que possam impressioná-la. Em contrapartida, o sonambulismo é perigoso, mas só pela possibilidade de ter algum acidente. Quando é detectado, devem ser adotadas medidas para aumentar a segurança da criança e impedir que possa se machucar: grades nas portas, janelas, escadas, acolchoados etc. Durante o episódio de sonambulismo é melhor não acordá-la e acompanhá-la de novo para a cama.

14

Outros problemas

Dentição

EM QUE IDADE NASCEM OS PRIMEIROS DENTES?

Os dentes vão se formando lentamente dentro da gengiva, e o fato de saírem ou aflorarem tem uma cronologia normal muito variável. Embora na maioria das crianças os primeiros dentes nasçam aos 6 ou 7 meses de idade, eles também podem surgir precocemente, aos 4 meses, por exemplo, ou tardiamente, aos 10 meses. A ocasião em que surgem os primeiros dentes ou a ordem de seu aparecimento não são importantes.

Os primeiros dentes a nascer costumam ser os centrais inferiores (incisivos inferiores), em torno dos 6 meses de idade. Cerca de dois meses depois, isto é, aos 8-9 meses, nascem os centrais superiores (incisivos superiores). Um ou dois meses depois, começam a sair os laterais inferiores e superiores (incisivos laterais). Os primeiros molares (dentes molares) só aparecem aos 15-16 meses de idade. Dois meses depois, por volta dos 18 meses, costumam surgir os caninos, enquanto os segundos molares não nascem até os 2 anos ou 2 anos e meio.

Aos 2 anos e meio aproximadamente, fica completa toda a dentição provisória ou "de leite", composta de vinte dentes: dez na arcada superior e dez na inferior (quatro incisivos, dois caninos e quatro molares).

Considera-se normal:

a) Que os primeiros dentes demorem a nascer até os 10 meses de idade.

b) Que apareçam vários dentes ao mesmo tempo ou que não respeitem a ordem de aparecimento descrita.

c) Que os dentes de leite fiquem um pouco separados entre si.

Os dentes de leite começam a cair aos 6-7 anos para serem substituídos pelos dentes permanentes. Costumam cair na mesma ordem em que nasceram, isto é, iniciando pelos incisivos centrais inferiores, mas também podem começar pelos superiores. Entre os 6 e os 7 anos, também aparecem os primeiros molares, e em anos consecutivos, lentamente, completa-se a dentição definitiva.

O APARECIMENTO DOS DENTES PROVOCA FEBRE?

Em muitas crianças a erupção dos dentes passa quase despercebida, porém outras sentem desconforto e coceira nas gengivas, sobretudo quando o dente passa através delas. A gengiva pode ficar um pouco inchada, inflamada e até sangrar um pouco. O bebê pode até mesmo ter uma febrícula por causa dos dentes, mas nunca febre alta.

A mãe poderá aliviar a coceira fazendo uma leve massagem com o dedo na gengiva do bebê. O bebê também poderá morder uma argola de borracha ou plástico frio (colocada na geladeira) para reduzir o desconforto. O aparecimento dos dentes não é responsável por alterações que às vezes são incorretamente atribuídas a ele: não provoca febre alta, diarreia ou resfriado, nem sequer a produção da baba.

Os lactentes costumam babar muito porque suas glândulas produtoras da saliva são muito ativas. O bebê produz muita saliva, tem a boca sempre muito úmida e baba porque a saliva transborda. A dentição não é responsável pelo ato de babar e tampouco pelo costume dos bebês de colocar na boca e morder a mão e os objetos que estão a seu alcance: é sua maneira de explorar o ambiente, de aprender a reconhecer os objetos e de se relacionar.

Em suma, febre alta ou diarreia não devem ser atribuídas aos dentes e deve-se investigar sua causa.

Como se deve cuidar dos dentes das crianças?

Embora os dentes de leite sejam provisórios, isto é, cairão para ser substituídos pelos permanentes, é preciso cuidar deles para evitar o surgimento de dois possíveis problemas: a cárie dentária e a má oclusão dentária.

Pode-se evitar a cárie com algumas medidas simples:

a) Não permitir que a criança durma com a mamadeira de leite ou de suco de frutas na boca. O contato persistente dos dentes com os açúcares contidos nesses alimentos produz uma cárie muito precoce (cárie da mamadeira).

b) Não molhar a chupeta no mel ou em líquidos açucarados.

c) Evitar que a criança se acostume a comer balas, guloseimas, bolos etc. Esses alimentos açucarados não são saudáveis, isto é, não devem entrar na alimentação sadia da criança, e além disso produzem cáries.

d) A partir dos 2 anos, começar a escovar os dentes da criança todos os dias, transformando a escovação em mais um hábito. No início é suficiente uma vez ao dia, de preferência à noite, antes de deitar. A escova deve ser bem macia, suave, e deve-se usar uma pequena quantidade de pasta de dente para crianças. Essas pastas têm um sabor melhor que as dos adultos, para que a criança as aceite bem, e têm menos quantidade de flúor, para evitar o consumo excessivo dessa substância, já que a criança pequena não sabe enxaguar a boca e a ingere. A escova elimina os restos de alimentos e evita o aparecimento de tártaro e da placa bacteriana, responsável pelas cáries.

e) Eliminar a chupeta a partir de 1 ano.

A CHUPETA É NECESSÁRIA?

A chupeta tem defensores e opositores entre os pediatras, mas não é prejudicial se usada corretamente. Pode ser difícil prescindir dela nos primeiros meses de vida, pois é útil para acalmar e sossegar o bebê durante os períodos de choro. No entanto, seu uso requer uma série de cuidados e recomendações:

a) Se o recém-nascido mama no peito, não se deve dar a ele a chupeta durante as primeiras duas ou três semanas de vida, até que o aleitamento esteja bem consolidado, porque pode interferir nele.

b) A chupeta deve ser feita em uma única peça, que não possa ser desmontada, para evitar que o bebê engasgue com algum pedaço pequeno. A parte dura ou redonda deve ser bastante grande para não caber na boca da criança.

c) Deve ser lavada com frequência com água e sabão, sobretudo se cair no chão.

d) Não se deve passá-la no mel ou no açúcar para não favorecer o aparecimento de cáries.

e) Deve-se tentar usá-la apenas quando a criança chorar e para dormir, e evitar que fique continuamente com ela na boca.

A criança deve deixar a chupeta antes de completar 1 ano de idade, e de forma progressiva. Não se deve permitir que a criança a use durante o dia, mas apenas na hora de dormir e, pouco a pouco, cada vez durante menos tempo.

Se não for abandonada antes dos 2 anos ou se for usada excessivamente – se a criança ficar sempre com ela na boca –, a chupeta poderá provocar uma deformação dos dentes chamada "má oclusão dentária". O obstáculo físico da chupeta impede que os dentes superiores se encaixem nos inferiores em sua parte central. Desse modo, os dentes superiores projetam-se para fora, e também pode-se deformar o céu da boca, que fica mais alto e profundo que o normal.

A má oclusão dentária pode ocorrer também em algumas crianças que chupam o dedo polegar de modo contínuo. Assim como a chupeta, o dedo na boca impede que os dentes superiores fechem bem sobre os inferiores. A má oclusão dentária pode ser resolvida sozinha se a causa for suprimida o mais rápido possível. O uso contínuo da chupeta além dos 3 anos de idade, porém, pode afetar a anatomia dos maxilares e requerer tratamento com aparelhos corretivos.

Crises de perda de fôlego

A crise de perda de fôlego é um episódio de birra durante o qual a criança deixa de respirar voluntariamente. Em plena excitação da raiva, seja antes ou imediatamente após o início do choro, a criança "paralisa", sua "respiração fica presa", ela torna-se rígida e não respira. Pode ficar de cor azulada ou até roxa, e, se isso durar muito tempo, pode perder o tônus muscular e "ficar mole". Mas esse episódio sempre cessa de modo espontâneo em poucos segundos e a criança continua com o choro. Naturalmente os pais ficam muito assustados e às vezes até recorrem ao pronto-socorro.

O espasmo do soluço é frequente entre 1 e 3 anos de idade, e muito raro depois dos 4-5 anos. Pode acontecer a qualquer hora do dia, mas sobretudo durante a tarde-noite, quando a criança está mais cansada. Sempre é precedido de uma desavença, uma briga ou uma negativa da mãe a um capricho, o que ocasiona frustração. A criança faz birra, pode espernear ou chiar e, quando inicia o choro, tem o episódio descrito. Os pais acham que ela vai se asfixiar, se assustam muito, e a criança pode usar essa inquietação para repetir o episódio e obter seus caprichos.

Apesar de sua aparência dramática, a crise de perda de fôlego não é uma doença, nem sequer um distúrbio. Não é decorrente de nenhuma alteração do coração, dos pulmões ou do cérebro. Não apresenta nenhuma consequência prejudicial, já que a criança sempre se recupera sem nenhum problema. Não requer análises ou exames. Trata-se de um distúrbio de conduta, com o qual deve-se lidar de modo adequado para evitar que a criança o repita.

Perante uma crise de perda de fôlego, devemos nos manter calmos, sem manifestar inquietação. Basta ficar observando, porque não é necessário tentar interromper o espasmo, nem sacudir a criança ou fazer respiração boca a boca nela. Também não é preciso repreendê-la. Se nesses momentos ela tiver algo na boca, convém retirar para que não se engasgue. Depois do episódio, deve-se deixá-la tranquila. Em suma, não se deve dar a mínima importância a ela. A atenção excessiva durante o episódio aumenta a probabilidade de sua repetição.

Fimose

A fimose consiste na impossibilidade de puxar para trás toda a pele do prepúcio e descobrir a cabeça do pênis, denominada glande, e é completamente normal nos primeiros meses de vida porque o bebê tem um prepúcio longo e grudado na glande. Conforme a criança cresce, os tecidos do pênis também crescem e se desenvolvem, e o prepúcio vai se desgrudando. Por volta de 1 ano de idade, a fimose já foi resolvida de forma espontânea na maioria dos meninos. Até essa idade não é preciso fazer nenhuma tentativa de forçar a retração do prepúcio, já que se pode machucar os delicados tecidos do bebê.

Nos meninos com mais de 1 ano, pode-se ajudar a desgrudar o prepúcio da glande, puxando-o para trás suavemente, sempre sem causar dor, um pouquinho todo dia. Se com paciência não se conseguir desgrudá-lo, deve-se consultar o pediatra, pois hoje em dia um tratamento com cremes pode ajudar.

Em meninos maiores de 3 ou 4 anos com fimose intensa, que não foi resolvida com as medidas anteriores, é necessário pensar em realizar a circuncisão, uma pequena intervenção cirúrgica que extirpa a pele que recobre a glande. Todas as fimoses devem ser resolvidas antes da puberdade, para evitar que as ereções se tornem dolorosas.

SEGUNDA PARTE

Doenças mais frequentes

15

A criança hiperativa

As crianças hiperativas são as que têm uma atividade motora excessiva, nunca ficam quietas, mas também não conseguem manter a atenção de maneira contínua em todas as atividades que realizam. Por isso, a denominação atual desse transtorno é "transtorno por déficit de atenção e hiperatividade" (TDAH). O problema fundamental é que, apesar de as crianças hiperativas serem inteligentes, não conseguem ter um aprendizado adequado por serem incapazes de "prestar atenção".

É um transtorno cada vez mais identificado nas crianças que têm problemas escolares, que não têm o progresso esperado. Atualmente, esse transtorno dispõe de um tratamento muito eficaz. Este capítulo traz orientações para ajudar os pais a identificar os sintomas com os quais se manifesta, além de regras e conselhos para seu tratamento.

Como se manifesta o transtorno de hiperatividade?

Durante os primeiros anos de vida, as crianças hiperativas são nervosas, inquietas, difíceis de acalmar, mas o transtorno manifesta-se sobretudo no início da escolarização, com as dificuldades para a aprendizagem. Afeta cerca de 5% das crianças em fase escolar, principalmente os meninos.

As três características da criança com transtorno por déficit de atenção e hiperatividade são: impulsividade, falta de atenção e hiperatividade.

a) *Impulsividade*: a criança responde às perguntas de forma precipitada, tem dificuldades para esperar sua vez, interrompe a conversa dos outros e se intromete. Age antes de pensar, de modo impulsivo, não consegue brincar com outras crianças porque não respeita as regras. Tem dificuldade para seguir as instruções e é castigada com frequência. Pode gritar e se descontrolar quando é repreendida. Em suma, não consegue conviver bem nem com a família nem com outras crianças.

b) *Falta de atenção*: a criança não presta atenção suficiente em uma tarefa e incorre em erros frequentes por descuido. Parece não escutar, mas não por ter um problema auditivo, e sim por não conseguir fixar a atenção. Não termina seus trabalhos, é descuidada e perde objetos. É esquecida, se distrai por estímulos irrelevantes, tem dificuldade para se organizar e evita ou acha desagradável um esforço mental contínuo.

c) *Hiperatividade*: a criança se mexe muito, de forma inquieta, mexe demais mãos e pés, sai de sua carteira na aula, corre ou pula em situações impróprias, tem dificuldade para brincar tranquila e age como se fosse impulsionada por um motor ("Está sempre ligada"). Fala em excesso e reclama muitas vezes.

Há crianças em que os sintomas de um dos grupos são mais acentuados e por isso se diz que são ou do tipo com déficit de atenção ou com predomínio do tipo hiperativo-impulsivo. Esses sintomas devem persistir pelo menos durante seis meses, ser mais ou menos constantes ao longo do dia, isto é, devem estar presentes tanto em casa como na escola, e afetar a criança em seu relacionamento com os demais ou no rendimento escolar.

Qual é a causa da hiperatividade?

A causa do transtorno por déficit de atenção e hiperatividade ainda é desconhecida. Foram analisados fatores genéticos, bem como os que afetam o cérebro durante seu desenvolvimento pré-natal, mas não se chegou a resultados concludentes. Sua origem não é psíquica, mas orgânica, ou seja, tem a ver com um funcionamento alterado das regiões do cérebro encarregadas do comportamento. É bem provável que a causa seja uma alteração na secreção dos chamados "neurotransmissores", as substâncias químicas secretadas pelas células cerebrais e que agem transmitindo o impulso nervoso. Por essa razão, um dos tratamentos mais eficazes consiste em administrar medicamentos que aumentam a liberação desses transmissores.

Qual é a consequência da hiperatividade?

As consequências do transtorno por déficit de atenção e hiperatividade podem ser muito importantes para o futuro da criança. A mais relevante é o baixo rendimento escolar. A criança tem uma inteligência normal, mas não consegue aprender bem porque é incapaz de se concentrar. O fracasso escolar ocorre sobretudo nas áreas de leitura, escrita, linguagem e matemática, as mais importantes na educação básica. Se, além disso, a criança tem dificuldade para se relacionar com seus colegas, pode ser rejeitada nas brincadeiras, sentir-se excluída e passar a sofrer de ansiedade. A perturbação do ânimo piora suas respostas às exigências dos pais ou dos professores, por isso com frequência tem atitudes de comportamento desafiador ou de oposição.

O déficit de atenção com hiperatividade não se cura sozinho nem melhora com o tempo, por isso precisa de tratamento, que deve começar o mais rápido possível e ser mantido durante muitos anos.

Qual é o tratamento da hiperatividade?

Para ser eficaz, o tratamento deve ser integral, isto é, atingir todas as atividades da criança, e multidisciplinar, ou seja, precisa da atuação conjunta de vários profissionais. Orientado pelo médico, possui três vertentes:

a) Medicamentoso, com ingestão diária de um remédio.

b) Psicológico, com modificação da conduta e do ambiente familiar.

c) Pedagógico, com técnicas de aprendizagem que melhorem o rendimento escolar.

O tratamento medicamentoso consiste na administração diária e contínua de um remédio. Os mais eficazes são os psicoestimulantes (metilfenidato e dextroanfetamina), que nessas crianças levam a uma diminuição da atividade física e a uma melhora notável da atenção. O médico indicará o medicamento mais eficaz, que deve ser tomado durante anos.

O tratamento psicológico consiste em ensinar aos pais táticas que favoreçam os comportamentos positivos da criança e façam diminuir os comportamentos agressivos, de rebeldia ou negativos. Devem ser respeitadas certas rotinas, com algumas regras simples e claras para que a criança as acate e sejam fáceis de cumprir. A criança deve ser recompensada com carinhos e presentes quando conseguir se autocontrolar e seguir as ordens.

O tratamento pedagógico tenta aproveitar ao máximo o tempo na escola. Essas crianças precisam de um ensino personalizado, especial, que consiga atrair sua atenção, e às vezes de professores de reforço ou de revisão fora do horário letivo.

Regras de convivência com a criança hiperativa

A convivência familiar com a criança hiperativa é mais difícil que com a criança tranquila. Os pais ficam nervosos com a impulsividade, os movimentos anárquicos e a impossibilidade de cumprir ordens, que interpretam como desobediência.

É preciso lembrar constantemente que o comportamento da criança hiperativa é involuntário. A criança não tem nenhuma culpa, é assim porque seus neurotransmissores cerebrais funcionam dessa forma. A criança hiperativa precisa que se compreenda o seu transtorno e do amor de seus pais.

Algumas regras simples podem ajudar a melhorar a convivência familiar:

a) Tentar canalizar a energia da criança para esportes e brincadeiras adequadas que melhorem sua capacidade física e ao mesmo tempo aumentem sua autoestima.

b) Os adultos devem ser mais pacientes, mais tolerantes e dedicar mais tempo à criança hiperativa, para que ela se sinta integrada, valorizada e amada.

c) Deve-se fazer que ela distinga claramente a conduta apropriada da incorreta. É necessário estabelecer algumas regras claras de comportamento para que a criança possa cumpri-las conforme sua idade e sua situação concreta. Por outro lado, seguir rotinas constantes em muitas atividades ajudará a criança a fixar sua atenção.

d) Estabelecer um sistema de recompensas e prêmios, mas também de proibições e castigos, sempre proporcionais e nunca físicos.

e) Evitar as brincadeiras estimulantes e, sobretudo, evitar perder a calma, chatear-se, repreender a criança e quebrar o relacionamento carinhoso.

16

Adenoides grandes

O que é hipertrofia de adenoides?

As adenoides estão situadas entre o nariz e a garganta, e ocupam a parte posterior e superior da faringe. São um tecido linfático, como as amígdalas, e do mesmo modo que estas aumentam de tamanho quando infeccionam e inflamam. Em geral, as adenoides voltam ao tamanho normal quando a infecção é curada, mas, se ocorrem muitas infecções seguidas, não têm tempo de diminuir de tamanho e ficam grandes ("hipertróficas"), ocupando toda a luz da parte posterior do nariz. A hipertrofia de adenoide é prejudicial porque:

a) Ao obstruir a luz, impede a entrada de ar e a criança não consegue respirar pelo nariz, que é o normal.

b) O muco do nariz não pode ser eliminado por trás e fica estancado, o que causa mais infecções nasofaríngeas.

c) Obstruem a tuba auditiva e favorecem o aparecimento de otites de repetição (ver o capítulo 30).

Que sintomas as adenoides grandes ocasionam?

As adenoides grandes afetam sobretudo as crianças pequenas, em que a luz ou cavidade interior do nariz é mais estreita e, portanto, mais fácil de obstruir. Os sintomas mais importantes são:

a) *Respiração pela boca*: a criança que tem o nariz tapado é obrigada a respirar pela boca. Ela tem a boca quase sempre aberta porque, se fechá-la, não consegue respirar. À noite, ronca e faz barulhos ao respirar, especialmente na posição de barriga para cima (decúbito dorsal ou supino). Pode ter mau hálito e alterações na voz, que se torna mais apagada (de "timbre nasal").

b) *Tosse noturna*: em posição deitada, a secreção das adenoides irrita a faringe e produz uma tosse noturna repetitiva, contínua e muito sufocante (ver o capítulo 11).

c) *Otite de repetição*: a obstrução do nariz e da tuba auditiva favorece as infecções de ouvido, que se tornam repetidas ou não saram bem (ver o capítulo 30).

Algumas crianças muito pequenas que têm um aumento considerável das adenoides e das amígdalas podem ficar com a respiração tão obstruída que podem deixar de respirar à noite durante um tempo excessivo ("apneias do sono") e até mesmo ter insuficiência respiratória.

Qual é o tratamento da hipertrofia de adenoides?

As adenoides grandes melhoram por si sós à medida que as crianças crescem, pois:

a) Com o crescimento, a luz do nariz aumenta e ele se torna mais largo. Assim, é mais difícil as adenoides provocarem sua obstrução.
b) Com a idade, decresce o número de infecções respiratórias, por isso as adenoides diminuem de tamanho.

Por esses motivos, as crianças com adenoides grandes, mas que não as prejudicam demais, devem ser tratadas de modo "conservador", tomando as seguintes medidas:

a) Prevenir, na medida do possível, a transmissão de resfriados e de infecções rinofaríngeas, evitando o contato com os doentes, as aglomerações (bares, centros comerciais), o frio e a fumaça do cigarro (ver o capítulo 18).
b) Realizar limpezas frequentes do nariz com lavagens nasais de soro fisiológico (água com sal).

Nas crianças com hipertrofia de adenoide que têm otite de repetição, tosse noturna que não cede, respiração pela boca persistente etc., isto é, as que estão diretamente muito afetadas e nas quais essas manifestações comprovadamente estão relacionadas com o tecido adenoide hipertrófico, é indicada a remoção cirúrgica das adenoides (adenoidectomia).

A adenoidectomia é uma operação simples, com um risco muito pequeno, que pode ser realizada em qualquer idade. No entanto, sua indicação deve ser determinada pelo pediatra em conjunto com o otorrinolaringologista, que avaliarão os prós e os contras da intervenção cirúrgica.

17

Asma

A asma é uma afecção dos brônquios que provoca episódios ou "crises" de tosse e dificuldade para respirar. Uma em cada dez crianças sofre dessa doença, que é mais comum nos homens. Pode começar logo no primeiro ano de vida e se prolongar durante muitos anos. Na realidade é a doença crônica mais frequente na infância. Como toda doença crônica, ocasiona um considerável transtorno psicossocial em toda a família, mas com o tratamento adequado quase sempre se obtém o controle das crises e a criança pode levar uma vida normal.

Neste capítulo explicamos em que consiste a asma, por que ocorre e as medidas práticas para o tratamento da criança asmática.

O que é asma?

A crise asmática caracteriza-se porque ocorre bruscamente uma constrição ou espasmo dos brônquios (broncospasmo). A espessura dos brônquios se reduz e seu diâmetro ou luz diminui, o que dificulta a passagem do ar para os pulmões. A parte interior do brônquio é constituída por uma camada mucosa muito sensível que fica inflamada e incha ao ficar irritada. Com isso, o fluxo do ar que entra e sai dos pulmões fica ainda mais reduzido.

A obstrução brônquica que acontece na asma é reversível, já que, com o tratamento medicamentoso adequado, os brônquios dilatam e desinflamam, voltando à normalidade.

Os brônquios das crianças asmáticas se contraem mais facilmente que os das crianças não asmáticas, por terem uma maior irritabilidade das vias respiratórias (hiper-reatividade brônquica). Muitas delas são alérgicas a determinadas substâncias, têm crises de tosse e sufocação ao inalá-las. Os brônquios das crianças asmáticas podem se contrair não apenas pelo contato com as substâncias às quais são alérgicas, mas também após a exposição a substâncias irritantes como fumaça do cigarro, poeira, ar muito frio ou exercício físico. Infecções respiratórias ocasionadas por vírus (da gripe, da parainfluenza, vírus sincicial respiratório) aumentam ainda mais a reatividade dos brônquios das crianças asmáticas. Então, eles ficam inflamados e cheios de catarro, tornando-se mais contraídos.

Por que ocorre a asma?

Para que a asma se desenvolva em uma criança, devem coexistir fatores hereditários com outros ambientais, ou seja, a asma é em parte herdada, mas necessita de fatores externos que concretizem e precipitem essa predisposição genética. Uma criança com um dos pais asmático tem cerca de 25% de probabilidade de sofrer de asma. Esse risco aumenta para 50% se tanto o pai quanto a mãe forem asmáticos.

A asma pode aparecer em qualquer idade. Um quarto das crianças afetadas começa a ter crises logo no primeiro ano de vida. A maioria sofre crises ocasionais, de gravidade moderada ou leve, que são controladas facilmente com o tratamento. Apenas uma minoria apresenta asma grave, difícil de controlar. Embora o prognóstico a longo prazo seja bom, é uma doença que precisa de avaliações frequentes e ajustes da medicação para evitar que as crises repetidas causem lesão permanente.

A maioria das asmas infantis são as chamadas "extrínsecas", isto é, as crises são provocadas pelo contato das vias aéreas com uma substância externa. Essa substância é quase sempre um alérgeno concreto, embora também possa tratar-se dos vírus respiratórios e dos irritantes, como a fumaça do cigarro.

As substâncias mais comuns que podem causar alergia em crianças asmáticas (alérgenos) são os ácaros presentes na poeira da casa (dermatófagos), o pólen das plantas gramíneas (trigo e similares), as partículas desprendidas da pele dos animais domésticos (epitélios de cães e de gatos), assim como alguns alimentos. A crise asmática é desencadeada quando a criança predisposta geneticamente entra em contato com essas substâncias "desencadeantes da asma".

A asma é cada vez mais frequente nos países desenvolvidos. Não se conhecem com exatidão suas causas, mas provavelmente ela esteja relacionada com a diminuição do aleitamento materno e o aumento dos poluentes ambientais como fumaça e poluição atmosférica.

Quando suspeitar de asma?

Deve-se suspeitar de asma nas crianças com mais de 1 ano que apresentam várias "crises" ou episódios de tosse e dificuldade para respirar. Uma característica da crise asmática é que, com os movimentos respiratórios, ocorrem alguns sons agudos, como chiados ou sibilos no peito (sibilâncias) que se ouvem nitidamente.

A tosse da crise asmática é intensa, seca, frequente e causadora de "sufocação" ou dificuldade para respirar (cansaço ou até falta de ar). Pode até provocar opressão ou dor no peito. A falta de ar diminui na posição sentada ou de pé, e aumenta ao deitar a criança. As crises podem ser tão intensas que podem sufocar de fato a criança e pôr em risco sua vida.

Também podem ser asmáticas as crianças que não têm crises de sufocação, mas têm tosse seca (sem secreções), que persiste por muitas semanas e é mais intensa à noite. Como na asma são importantes os fatores genéticos, todas as crianças que sofrem de bronquite ou broncopneumonias de repetição e têm familiares próximos (pais ou irmãos) com asma também podem ser asmáticas.

Em algumas crianças maiores e adolescentes, a crise asmática é desencadeada após a realização de um esforço, como um exercício físico intenso (atletismo, ciclismo). É a variante denominada "asma induzida pelo exercício".

Como confirmar que a criança tem asma?

A doença pode ser diagnosticada sem necessidade de exames nas crianças que têm crises repetidas de tosse e dificuldade respiratória com chiados ou sibilos, e o pediatra começará diretamente com o tratamento adequado.

Nas crianças cujos sintomas não são tão claros, são necessários alguns testes para confirmar a doença. Em crianças com mais de 4-5 anos que colaborem com o exame, pode-se fazer um teste respiratório, a espirometria, que mede a velocidade e a quantidade de ar que pode ser expirado em determinado tempo. A criança asmática tem dificuldade para expelir o ar dos pulmões, e esse teste detecta isso facilmente e mede suas variações.

Embora asma e alergia não sejam a mesma coisa, a maioria das crianças asmáticas é alérgica e deve ser submetida aos chamados "testes alérgicos", uma série de análises para detectar a substância que pode desencadear a crise asmática. Se for identificada, facilita muito o seu tratamento.

Como tratar da asma?

A asma é uma doença crônica, por isso o tratamento deve ter uma continuidade e um planejamento. É preciso seguir algumas medidas gerais e dois tipos de tratamento: o da crise asmática e o tratamento preventivo ou de fundo.

Medidas gerais

A criança asmática deve ser protegida das circunstâncias que favoreçam a inflamação dos brônquios e, portanto, da possibilidade do começo das crises. É preciso tentar evitar que outras crianças ou adultos transmitam a ela infecções respiratórias e proibi-la de brincar ou ficar em contato com os que estão com tosse ou resfriado. Deve-se evitar a fumaça do cigarro, proibindo totalmente, portanto, que se fume na presença da criança asmática. Também é preciso evitar a poeira doméstica, limpando com cuidado a casa e eliminando os tapetes, nos quais ela se acumula.

Tratamento da crise asmática

Quando a criança tem tosse e dificuldade para respirar, precisa tomar alguns medicamentos chamados "broncodilatadores", que são administrados por inalação, isto é, aspirados.

Se a crise asmática é muito forte ou não melhora o suficiente com os preparados broncodilatadores, utilizam-se outros medicamentos chamados "corticosteroides" ou "corticoides". Podem ser administrados por via oral, em forma de gotas ou xarope para crianças pequenas ou em comprimidos para crianças maiores que conseguem engoli-los, e por via intravenosa em caso de crises graves que requerem internação. Nessas circunstâncias, também pode ser necessário o tratamento com oxigênio. Os antibióticos costumam ser desnecessários.

Tratamento preventivo ou de fundo

É o tratamento administrado de forma contínua para prevenir o aparecimento de crises asmáticas e permitir que a criança leve uma vida totalmente normal.

São utilizados diversos medicamentos de acordo com o tipo e a gravidade da asma, isto é, o número e a frequência de crises que a criança sofreu:

a) Medicamentos que inibem o começo da crise asmática. De uso contínuo, impedem que a mucosa brônquica reaja com uma inflamação ao entrar em contato com um irritante. Podem ser medicamentos tomados por via oral ou alguns corticoides especiais aspirados por inalação de modo contínuo. Muitas crianças devem fazer uso contínuo dessa medicação durante meses ou até anos.

b) Medicamentos que combatem os efeitos dos alérgenos. São as vacinas, feitas da mesma substância a que a criança é alérgica. Injetadas de maneira repetitiva e controlada, conseguem inibir a reação alérgica que desencadeia as crises asmáticas.

Como usar os inaladores?

Embora as crianças mais velhas e os adolescentes possam usar esses medicamentos inalando-os diretamente do aerossol em que são dosados (inalador ou "bombinha"), sempre é muito melhor utilizar um espaçador. Este consiste em um dispositivo largo de plástico (às vezes de metal), que serve para que a medicação possa ser aspirada dele em vez de diretamente da "bombinha". Assim, há mais certeza de que todo o medicamento penetra nos pulmões da criança.

O espaçador tem dois orifícios, um para aplicar o inalador e outro para colocar no rosto da criança. Aciona-se o inalador quantas vezes o médico indicar (costumam ser uma ou duas) e a medicação penetrará no espaçador. A criança deve respirar profundamente, várias vezes, o ar do espaçador. O inalador deve ser agitado antes de seu uso. O espaçador é lavado com água e sabão e deixa-se que seque para usar na próxima vez. Se a criança for maior, após a inalação pode-se enxaguar a boca com água, cuspindo-a depois.

Quais são as consequências da asma?

O fundamental na asma é controlar as crises. Quando acontecerem, devem receber o tratamento adequado para que durem o mínimo possível e a criança volte rapidamente à vida normal. No entanto, o tratamento correto da asma não se limita ao controle das crises, devendo-se evitar também sua ocorrência, ou ainda torná-las o mais leves e o menos frequentes possível.

Se as crises forem tratadas e se evitar sua repetição, a criança poderá levar uma vida totalmente normal e manterá seus pulmões sem lesão alguma. A medicação, tanto das crises como a da contínua, deve ser adaptada às características concretas de cada criança. Será mais forte se a asma for grave e mais leve se a asma for moderada.

A asma que não é tratada nem controlada de modo adequado pode tornar-se uma doença muito perigosa, pois:

a) Uma crise intensa pode colocar em perigo a vida da criança, se a obstrução ao fluxo do ar impedir que o oxigênio chegue aos tecidos corporais (asfixia ou hipóxia).

b) As crises repetidas podem causar lesões permanentes nos brônquios e diminuir a capacidade respiratória da criança para toda a vida.

Quando consultar o médico com urgência?

A asma é uma doença que requer acompanhamento contínuo do pediatra. Além das avaliações programadas, deve-se consultar o médico perante qualquer episódio de dificuldade para respirar ou de acesso de tosse intensa com chiados ou sibilâncias no peito. Por outro lado, é necessário procurar um hospital com urgência se a crise asmática for muito intensa, o que se manifesta por:

a) Respiração difícil e fatigante: a criança respira muito depressa, diz que não consegue respirar ou tem dor no peito.

b) Os lábios assumem coloração azulada.

c) O cansaço ou falta de ar impede a criança de andar e ela quer ficar sentada.

d) A criança fica sufocada e seu nível de consciência parece diminuir.

18

Bronquiolite

A bronquiolite é uma doença do peito, do sistema respiratório, que afeta apenas os lactentes, isto é, os menores de 1-2 anos de idade, provocando tosse e dificuldade para respirar. É causada por um vírus de inverno, o vírus sincicial respiratório, e as epidemias acontecem nos meses frios do ano, de maio até setembro.

Como se origina a bronquiolite?

São denominados "bronquíolos" os brônquios menores, situados no final de toda a "árvore" brônquica, imediatamente antes dos pulmões, para os quais levam o ar. Nos lactentes, os bronquíolos têm um calibre ou luz interior muito pequeno. Ao serem infectados pelos vírus, ficam inflamados e diminuem ainda mais sua luz, impedindo a passagem do ar para os pulmões, o que pode "sufocar" a criança.

O vírus causador da bronquiolite dos lactentes (vírus sincicial respiratório) ocasiona resfriados normais que afetam nariz e garganta nas crianças maiores e nos adultos. É contagioso demais, tanto pela tosse e pelo catarro quanto pelas mãos. Se em uma família há um adulto ou uma criança maior infectada, o vírus rapidamente é transmitido ao lactente, que é o único que pode sofrer de bronquiolite.

Quais são os sintomas de bronquiolite?

O lactente começa com um resfriado que afeta o nariz, com espirros, catarro abundante, tosse e febre, em geral não muito alta. Durante os primeiros dias seu estado geral é bom e ele se alimenta, apesar do catarro, mas, em dois ou três dias, apresenta sinais de dificuldade para respirar: a respiração torna-se mais rápida, a tosse é mais frequente, faz barulho ao respirar, fica cansado nas mamadas e até rejeita o alimento.

Nos casos mais graves, o lactente respira com muita dificuldade, sufoca-se com o catarro, suas costas ressaltam-se com os movimentos respiratórios ou seu peito parece afundar. Pode rejeitar totalmente o alimento e não mamar nada.

O que fazer em caso de bronquiolite?

Todos os casos de bronquiolite devem ser avaliados pelo pediatra, que verificará a gravidade da doença. A maioria dos casos é leve e pode ser tratada em casa com algumas medidas simples:

a) Tentar eliminar as secreções nasais para melhorar a obstrução do nariz, sobretudo antes de cada mamada. Pode-se utilizar um conta-gotas cheio de soro fisiológico (água com sal), que se instila com força em cada narina, colocando a cabeça da criança em posição lateral para que não se engasgue.

b) Procurar deixar a criança confortável. Não é preciso colocar-lhe roupa demais e, em caso de febre, deve-se administrar um medicamento antitérmico.

c) Como fica fatigada ao mamar, deve-se diminuir a quantidade de alimento, mas este deve ser oferecido com mais frequência.

Em geral, não é necessário administrar antibióticos nem nenhuma outra medicação para tratar da bronquiolite. A doença dura de duas a três semanas. É "autolimitada", isto é, se cura sozinha, mas pode se agravar e devemos ficar atentos aos sinais que indicam uma evolução para a gravidade.

Quais são os sinais de gravidade da bronquiolite?

A bronquiolite grave precisa de atendimento urgente e na maioria dos casos internação hospitalar. Os sinais que indicam gravidade são os seguintes:

a) A criança rejeita completamente as mamadas, ou toma menos da metade do que costuma ingerir. Nesses casos, os líquidos de que ela precisa podem ser administrados por via venosa (em perfusão gota a gota).

b) A respiração torna-se muito rápida e difícil, e os movimentos respiratórios destacam-se nas costas. É sinal de que a criança pode precisar da ajuda de oxigênio para respirar, em especial se os lábios se tornam azulados ou ela mostra uma diminuição da atividade e fica apática.

c) A criança tem febre muito alta, que aparece de modo brusco.

As crianças menores, com menos de 3 meses de idade, bem como as prematuras ou as que têm uma doença prévia do coração ou dos pulmões, são as mais suscetíveis a adquirir uma bronquiolite grave. As crianças com mais de 6 meses, que nasceram a termo e que estavam previamente saudáveis costumam ter bronquiolites menos graves, que poucas vezes necessitam de internação hospitalar.

A internação hospitalar por bronquiolite

As crianças com bronquiolite grave que são internadas no hospital costumam precisar das seguintes medidas:

a) *Tratamento com oxigênio*: são postas embaixo de uma tenda de plástico ou coloca-se nelas uma máscara ou cânulas nasais para receber ar enriquecido com oxigênio, o que faz que respirem melhor. Às vezes, utiliza-se um aparelho que capta a saturação através da pele (saturômetro de dedo ou de pulso) para avaliar se elas precisam receber oxigênio.

b) *Infusão venosa*: os líquidos de que as crianças necessitam são administrados por via intravenosa e gota a gota, para evitar que fiquem ainda mais fatigadas com as mamadas.

c) *Fisioterapia respiratória*: as enfermeiras realizam lavagens nasais para ajudar a desprender o catarro que impede ainda mais a passagem do ar para os pulmões.

Para tratar da bronquiolite são necessários poucos medicamentos, já que, infelizmente, não existe nenhum que cure rapidamente essa doença. Os sinais de melhora são os seguintes: a criança respira com menos dificuldade, não precisa de oxigênio ou só precisa dele de forma intermitente, volta a mamar sem cansaço e já não necessita dos líquidos pela veia. O principal indicador de melhora e do início do caminho para a cura é que a criança já não está tão cansada. O catarro e a tosse desaparecem de modo mais lento. Muitas crianças podem ficar tossindo até por um mês após o começo da bronquiolite até que desapareça totalmente.

Pode-se prevenir a bronquiolite?

As epidemias invernais de bronquiolite afetam uma porcentagem muito alta de lactentes pequenos. Atualmente, ainda não existe um método eficaz para evitá-las. O ideal seria obter uma vacina contra o vírus que a produz (vírus sincicial respiratório), mas é muito difícil de conseguir porque os vírus têm muitos mutantes ou variações de ano em ano. Até que se disponha de uma vacina eficaz, a única maneira de evitar a doença é impedir o contágio. Embora seja difícil, estas precauções podem ajudar:

a) Impedir o contato do lactente com pessoas resfriadas: deve-se proibir que pessoas com catarro ou tosse nos meses de inverno, sejam adultos ou crianças, se aproximem do bebê ou entrem em seu quarto.

b) Se é a mãe que está resfriada, ela deve usar uma máscara que cubra sua boca e seu nariz quando entrar no quarto ou estiver em contato com o bebê.

c) O vírus também é transmitido pelas mãos. Assim, devem ser sempre lavadas com água e sabão antes de tocar a criança.

d) Não se deve expor a criança à fumaça do cigarro: nos meses de inverno não se deve levar o lactente a bares, cafés, restaurantes e a locais fechados em geral, nos quais pode haver pessoas resfriadas ou fumaça de cigarro.

A bronquiolite deixa algum resquício?

Na criança previamente saudável, uma vez curada, a bronquiolite não costuma deixar nenhum resquício ou cicatriz, mesmo que tenha sido grave. No entanto, uma porcentagem de crianças pode voltar a ter um episódio parecido alguns meses depois, se tiverem outro resfriado forte. Podem sofrer o que antes era chamado de "bronquite espástica" e atualmente é denominado "broncoespasmo", que também se manifesta por tosse e dificuldade respiratória. A razão dessa repetição é que os brônquios ficam sensíveis e reagem mais ao novo episódio de resfriado. Os broncoespasmos costumam ser transitórios, respondem bem ao tratamento e a criança deixa de ter problemas após os 2-3 anos de idade. Só uma porcentagem muito pequena de crianças com broncoespasmo desenvolverá uma verdadeira asma (ver o capítulo 16).

A bronquiolite pode ser mais prejudicial para as crianças muito prematuras ou que sofrem de problemas crônicos nos pulmões ou no coração.

19

Diabetes infantil

O diabetes que pode afetar as crianças e os adolescentes é denominado "diabetes melito tipo 1", para ser diferenciado do diabetes de tipo 2, que acomete sobretudo os adultos mais velhos e os idosos e que se deve a outras causas.

O diabetes infantil sempre é causado pela falta de um hormônio, a insulina, que permite ao corpo utilizar a energia contida nos carboidratos, isto é, permite "queimar" os açúcares para obter energia.

O que é e como age a insulina?

Para que seus órgãos (cérebro, coração, músculos etc.) funcionem, o organismo precisa de um fornecimento contínuo de energia, obtida dos alimentos que ingerimos. Os elementos nutritivos (nutrientes) que os alimentos contêm são muito numerosos, quase cinquenta, mas a energia só é obtida de três deles:

a) *Carboidratos ou açúcares*: encontrados sobretudo nos alimentos vegetais: cereais e derivados (pão, massas), frutas etc. Constituem cerca da metade das calorias ingeridas diariamente e são a energia preferida pelo corpo.

b) *Proteínas*: encontradas em especial nos alimentos animais, servem para repor as partes gastas do corpo, assim como para o crescimento e o desenvolvimento da criança.

c) *Gorduras*: também estão nos alimentos animais e servem de energia de reserva em caso de emergência.

Com a digestão dos alimentos, os carboidratos complexos (amidos) transformam-se no açúcar mais simples, a glicose, que é absorvida pelo intestino e passa diretamente ao sangue para ser distribuída por todo o organismo. A glicose é utilizada continuamente por todas as células, mas para entrar nelas necessita de um hormônio, a insulina, que é produzida no pâncreas, uma glândula situada na parte esquerda do abdome, bem atrás e abaixo do estômago. A insulina é a chave sem a qual a glicose fica na porta da célula, sem poder entrar e sem poder ser utilizada.

O fornecimento contínuo de glicose às células é tão importante que o corpo humano tenta manter no sangue sempre a mesma quantidade, para garantir disponibilidade imediata. Os valores normais da concentração de glicose no sangue são de 70 a 80 mg/dl antes de comer e de 110-120 mg/dl após as refeições. De uma a duas horas depois de ingerir a comida e em consequência da absorção dos açúcares, os níveis de glicose no sangue elevam-se. Então, o pâncreas segrega mais insulina para introduzir a glicose nas células e também para produzir depósitos de glicose (glicogênio) no fígado e nos músculos. Com esse gasto de glicose, o nível no sangue (glicemia) volta à normalidade. Durante o jejum os processos se invertem. Quando já faz várias horas que não se come, a glicose sanguínea começa a baixar, já que é gasta continuamente. Então, são liberados outros hormônios (glucagon, adrenalina, hormônio do crescimento, cortisona), que elevam a glicemia porque a liberam consumindo os depósitos armazenados (glicogênio).

Em suma, o pâncreas libera insulina no sangue quando há um nível de glicose elevado, ao passo que, se o nível for baixo, cessa a produção de insulina e aumenta a de glucagon.

O que acontece quando não há insulina?

Quando o pâncreas não funciona bem e não consegue liberar insulina, a glicose não pode entrar nas células e fica no sangue. Então, ocorre o seguinte:

a) As células não têm energia suficiente para funcionar de modo adequado e os sistemas do organismo diminuem seu rendimento e podem sofrer alterações.

b) A quantidade de glicose presente no sangue aumenta, visto que não é gasta, e a glicemia se eleva de forma considerável.

Para compensar a falta de energia proveniente dos açúcares, o organismo utiliza as gorduras como combustível. Com a "queima" das gorduras, as células podem continuar funcionando, mas originam-se corpos cetônicos, sobretudo a acetona, que são eliminados pela urina e pelo hálito (cheiro cetônico ou de maçã). A urina normalmente não contém açúcares. Os rins filtram e limpam o sangue, eliminando pela urina as substâncias que restam. Como em geral não sobra glicose, essa substância não é encontrada na urina. No entanto, quando a glicemia fica muito elevada, ou seja, quando há diabetes, aparece glicose na urina (glicosúria). Isso ocorre quando a glicemia é maior que 170-180 mg/dl. Então, o excesso de glicose "transborda" o limiar ou barreira do rim e o restante é eliminado na urina. Quanto maior a quantidade de glicose no sangue, maior a que "extravasa" na urina. Por isso, a presença de glicose na urina é um sinal evidente de que a glicemia está muito elevada e de que há necessidade de insulina.

Por que ocorre o diabetes?

O diabetes ocorre quando o pâncreas não consegue produzir a insulina de que o corpo necessita. As células que a produzem ficam esgotadas e são destruídas; por isso o diabético terá a doença por toda a vida e precisará receber injeções diárias de insulina.

Mas por que as células que produzem insulina são destruídas? As causas do diabetes não estão totalmente claras e sua ocorrência depende de três fatores:

a) *Fator genético*: o diabético herda uma predisposição a ter diabetes.

b) *Fator ambiental*: acredita-se que algumas infecções ocasionadas por vírus lesam as células do pâncreas que produzem a insulina. O diabetes apareceria depois de uma infecção desse tipo.

c) *Fator autoimune*: parte do mecanismo que prejudica o pâncreas é uma reação do organismo, que produz anticorpos contra suas próprias células (doença autoimune).

Atualmente, o diabetes não tem cura, mas está sendo pesquisado o transplante de células pancreáticas. Consistirá em introduzir no organismo do diabético "células-mãe" externas que produzirão insulina e substituirão as próprias, que já não funcionam.

Embora não se cure, o diabético bem tratado com insulina e bem controlado pode ter uma vida totalmente normal.

Quais são as manifestações do diabetes?

Todas as manifestações do diabetes devem-se à falta de insulina. As células do organismo do diabético têm uma função imperfeita por não conseguir usar a energia da glicose. Por outro lado, aumentam muito os níveis de glicose no sangue (glicemia). Tudo isso produz:

a) Cansaço e emagrecimento: a criança diabética não tem energia suficiente nos músculos e se cansa facilmente. Como o recurso que lhe resta para obter energia é "queimar" as gorduras, consome suas reservas e emagrece.

b) Ao aumentar no sangue, a glicose ultrapassa a barreira renal e é excretada pela urina, arrastando uma grande quantidade de água. O diabético urina muito, em maior quantidade que o normal (poliúria). Também urina à noite (nictúria), às vezes de modo involuntário, isto é, molha a cama (enurese).

c) Ao urinar muito, tem sede e bebe muita água para substituir a que perde (polidipsia).

d) Como tem falta de energia nas células, o corpo exige alimentos. A criança come mais (polifagia), mas apesar disso emagrece.

e) Ao queimar as gorduras, são produzidos corpos cetônicos que dão um cheiro de maçã ao hálito e à urina (cetonúria).

Assim, pode-se suspeitar de diabetes se a criança urinar muito, inclusive à noite, tomar muito líquido, ficar cansada e emagrecer, apesar de comer mais. Para confirmar a doença, é preciso fazer exames de sangue e de urina. A criança sofrerá de diabetes se:

a) O nível de glicose no sangue (glicemia) for superior a 200 mg/dl e em muitos casos superior a 300 mg/dl.

b) Aparecerem glicose (glicosúria) e corpos cetônicos (cetonúria) na urina.

Uma vez confirmado o diabetes, deve-se começar imediatamente o tratamento com insulina.

O que deve ser feito quando o diabetes for confirmado?

Após o diagnóstico de diabetes em uma criança, deve-se realizar dois procedimentos urgentes:

1. Começar o tratamento com insulina para controlar a doença o mais rápido possível.
2. Tomar consciência de que começa uma nova etapa, tanto para a criança quanto para a família, que devem aprender o que é a doença e como controlá-la de modo adequado.

A criança terá que conviver com o diabetes durante toda a vida. Dependendo de sua idade, precisa compreender a doença para lidar bem com ela. O objetivo é mantê-la sob controle, para ter certeza de que não prejudica a criança. O diabetes descontrolado é muito perigoso porque pode afetar a saúde de forma aguda e grave, ocasionando uma cetoacidose diabética ou ainda uma crise de hipoglicemia. O diabetes mal controlado prejudica a saúde a longo prazo: envelhece as artérias e acelera a aterosclerose.

A educação diabetológica, que precisa ser direcionada tanto aos pais quanto à criança, deve começar no momento do diagnóstico. O paciente e a família poderão ter o apoio da equipe de saúde, formada em geral por pediatras e pessoal de enfermagem treinados para tratar dessa doença. O controle do diabetes requer:

a) A aprendizagem do manejo da insulina: é preciso conhecer os tipos de insulina, como e quando injetá-la e a quantidade necessária em cada momento.

b) O autocontrole: é necessário aprender a manter o controle da glicemia e completá-lo com uma alimentação e uma atividade física adequadas.

A aprendizagem do manejo do diabetes não é fácil, requer tempo e esforço de compreensão. Mas é essencial adquirir o autocontrole que permitirá levar uma vida normal, convivendo com o diabetes sem ser escravo dele.

Tipos de insulina

A insulina usada para o tratamento do diabetes é totalmente ineficaz por via oral, por isso precisa ser injetada. A insulina é fabricada em laboratórios de bioengenharia e tem uma composição idêntica à produzida pelo pâncreas humano, motivo pelo qual é chamada de "insulina humana". A única diferença é que, enquanto a insulina do pâncreas passa para o sangue quando é necessária, ou seja, quando a glicemia está alta, a insulina injetada sob a pele vai passando para o sangue com maior ou menor rapidez, conforme o seu tipo.

Os tipos de insulina se distinguem pela rapidez com que a substância passa para o sangue e pela duração de seu efeito, isto é, o tempo durante o qual é capaz de controlar a glicemia. Há três tipos de insulina, segundo seu perfil de ação: rápida, intermediária e prolongada.

Insulina de ação rápida

Seu efeito começa muito rápido, mas dura poucas horas. Há duas variantes: insulina de ação rápida regular e análogos de ação rápida.

A insulina regular é uma solução líquida transparente. Sua ação começa meia hora depois da injeção subcutânea e tem seu máximo efeito sobre a glicemia ao fim de uma a três horas depois de administrada a injeção. Seu efeito total dura entre quatro e cinco horas.

Os análogos de ação rápida são insulinas regulares nas quais, com pequenas modificações em sua molécula, se conseguiu acelerar bastante o início de sua ação. Esse tipo de insulina começa a fazer efeito dez minutos depois de injetada, embora alcance seu efeito máximo sobre a glicemia entre trinta e noventa minutos depois. Seu efeito total dura apenas três horas.

Insulina intermediária

É uma insulina de ação rápida à qual se acrescenta uma substância que atrasa sua absorção depois de injetada. Em geral essa substância é a protamina (NPH), que lhe dá um aspecto branco leitoso, diferente da transparência da insulina regular. Sua ação começa entre uma e duas horas após a administração da injeção subcutânea e tem seu máximo efeito sobre a glicemia de três a seis horas depois. A duração total é de oito a dez horas.

INSULINA DE AÇÃO PROLONGADA

São insulinas de ação ainda mais demorada, graças a sua mistura com zinco, que lhes confere um aspecto leitoso. Sua ação começa entre duas e quatro horas após a administração da injeção e tem seu máximo efeito entre cinco e dez horas depois. A duração total é de quase 24 horas.

Também existem preparados comerciais com misturas já estabelecidas de insulina de ação rápida com insulina intermediária. São misturas úteis para os adultos com algumas necessidades bem determinadas e constantes. Não são recomendáveis para as crianças, já que suas necessidades são mais variáveis. É mais adequado fazer as próprias misturas dia a dia para se adaptar à variação das necessidades.

Fatores que modificam a ação da insulina

O tempo que foi indicado para cada tipo de insulina serve de orientação e pode variar em algumas pessoas por diversas circunstâncias. A ação da insulina pode começar antes se a injeção foi profunda demais, se é realizada uma massagem ou se colocam compressas quentes no local onde foi aplicada e se imediatamente após a aplicação se faz exercício físico. Por outro lado, a ação da insulina pode começar depois se a injeção foi muito superficial e se colocar gelo ou compressas frias no local da aplicação.

A absorção das insulinas de ação retardada é mais irregular que a das insulinas rápidas.

Como usar a insulina?

Atualmente todas as insulinas têm a mesma concentração, cem unidades internacionais (UI) por mililitro (ml).

Para injetar essa insulina é preciso utilizar seringas descartáveis graduadas para cem unidades. É preciso seguir as normas referentes à insulina e à injeção.

NORMAS REFERENTES À INSULINA

Cada ampola de insulina tem impressa a data de validade, por isso será fácil verificar se não está vencida. A insulina de ação rápida deve ser transparente. Se estiver turva ou com grumos não deve ser injetada. A insulina que está sendo usada pode ser mantida na temperatura ambiente durante algumas horas. Deve-se ter sempre insulina de reserva na geladeira, guardada na porta, nunca no congelador, já que se torna ineficaz.

Se a insulina que será empregada estava na geladeira, deve-se aquecê-la previamente entre as mãos, sem agitá-la. A insulina injetada fria é muito mais dolorosa. Depois de aberto, o frasco deve ser descartado em três semanas no máximo.

A insulina se torna ineficaz tanto com o frio excessivo quanto com o calor do verão. Nas viagens, convém levá-la em uma bolsa térmica ou caixa de isopor que a proteja das mudanças bruscas de temperatura. Por outro lado, as canetas de injeção de insulina previamente carregadas ou os cartuchos de insulina não precisam de geladeira porque dispõem de um revestimento térmico.

NORMAS REFERENTES À INJEÇÃO

As crianças diabéticas devem aprender a injetar a insulina em si próprias o mais rápido possível, a partir dos 7 ou 8 anos, embora sempre sob supervisão dos pais. Para injetar a insulina, devem acatar os seguintes passos:

1. Lavar as mãos com água e sabão.
2. Se a insulina que vai ser injetada é de ação retardada, deve-se inverter o frasco e girá-lo entre as mãos para fazer com que a solução fique homogênea. Com a insulina regular isso não é necessário.
3. Tirar a tampa protetora da agulha e encher a seringa com ar em quantidade igual à da insulina que vai ser colhida.
4. Injetar o ar no frasco de insulina e depois, com a seringa e o frasco elevados na altura dos olhos, aspirar a dose de insulina necessária. Se entrar ar na seringa, dar algumas batidinhas nela para fazer as bolhas subirem e eliminar o ar.
5. Uma vez colhida a insulina, colocar a tampa esterilizada da agulha para que não toque em nada antes de ser injetada.
6. Limpar a região da pele onde será injetada a insulina com um algodão embebido em álcool. Esperar que seque antes de injetá-la.
7. Com uma das mãos, pega-se a seringa carregada como se fosse uma caneta e com a outra pega-se uma ampla porção de pele, como num beliscão.
8. A insulina deve ser injetada abaixo da gordura da pele, mas sem chegar ao músculo. A inclinação da serin-

ga sobre a pele dependerá do comprimento da agulha e da quantidade de gordura que a pele tem. Se há muita gordura ou a agulha é curta, a picada será na vertical (ângulo de 90 graus). Se a agulha for comprida ou há pouca gordura, a picada será inclinada (ângulo de 45 graus).

9. Uma vez inserida a agulha, é preciso injetar a insulina lentamente, sem soltar a porção de pele. Terminada a injeção, espera-se alguns segundos antes de retirar a seringa. Tornar a cobrir a agulha com a tampa antes de descartá-la, de modo que ninguém se espete nela.

O uso de canetas descartáveis de injeção de insulina ou de canetas com cartuchos de insulina requer uma aprendizagem e depende de cada marca comercial.

As misturas de insulina

Para controlar o diabetes de modo mais eficaz, costumam ser injetadas misturas de dois tipos de insulina: de ação rápida e de ação retardada. Convém que as duas insulinas que são misturadas em uma única seringa sejam da mesma marca comercial para que sua acidez (pH) seja idêntica.

Uma vez conhecido o número de unidades de cada tipo que deve ser misturado, é preciso acompanhar os seguintes passos:

1. Injetar primeiro no frasco da insulina de ação retardada o ar equivalente às unidades que se quer administrar, deixando-o no frasco.

2. A seguir, injetar no frasco de insulina de ação rápida o ar correspondente e colher a insulina sem ar nem bolhas.

3. Sem mover o êmbolo, enfiar outra vez a agulha no frasco da insulina de ação retardada e colher as unidades de insulina previstas. O êmbolo deve abaixar para uma quantidade igual ao total da soma de insulina rápida com insulina de ação retardada.

Nunca se deve voltar a introduzir no frasco a insulina misturada.

Onde injetar a insulina?

Há cinco áreas do corpo onde a insulina pode ser injetada. Deve-se escolher uma área e ficar durante algum tempo injetando sempre nela, já que a absorção em cada região é um pouco diferente. A área de absorção mais rápida é a abdominal e a mais lenta a dos glúteos.

É necessário mudar diariamente o ponto da injeção dentro da área. Se a insulina é injetada sempre no mesmo lugar, a pele pode ficar irritada e podem surgir inchaços (zona de atrofia). Cada vez deve-se aplicar com uma separação de uns 2 cm do local da injeção anterior, e ir percorrendo toda a região em intervalos dessa medida, de modo que demore várias semanas para voltar a injetar no mesmo local.

As cinco áreas de injeção são:

1. A área anterior e lateral externa das coxas.
2. A área lateral superior das nádegas.
3. Todo o abdome, exceto em volta do umbigo, distanciando-se dele dois ou três dedos.
4. Nas costas, sobre as escápulas.
5. Na área externa superior do braço, abaixo do ombro.

Protocolos de tratamento com insulina

Os protocolos de tratamento com insulina dependem de cada criança e das circunstâncias em que ela se encontra. Podem ser necessárias duas, três ou quatro injeções por dia de combinações de insulina para manter os níveis de glicose no sangue (glicemia) o mais normalizados possível.

Protocolo de duas injeções diárias

No protocolo de duas injeções diárias, misturam-se as duas insulinas: a de ação rápida e a intermediária. A primeira injeção é administrada antes do café da manhã e a segunda, antes do lanche ou do jantar.

A injeção da manhã é aplicada meia hora antes do café da manhã, se a insulina de ação rápida for do tipo regular, ou apenas alguns instantes antes do café, se a insulina de ação rápida for do tipo análogo. Com a insulina rápida da manhã previne-se a elevação da glicemia de depois do café da manhã e das duas horas seguintes, enquanto com a de ação intermediária tenta-se garantir a insulina necessária para a refeição do meio-dia e as horas seguintes.

A injeção da tarde-noite supre, com a insulina de ação rápida, a refeição que se faz a seguir, enquanto a insulina intermediária visa manter níveis estáveis de insulina durante toda a noite até o momento da nova injeção matinal.

A vantagem das duas injeções diárias é o menor número de picadas, mas é preciso obter um bom controle. Caso contrário, deve-se passar para o protocolo de três ou de quatro injeções diárias.

PROTOCOLO DE TRÊS INJEÇÕES DIÁRIAS

Existem várias combinações possíveis, conforme o tipo de insulina que se injeta:

a) *Mistura de insulina de ação rápida e intermediária antes do café da manhã, almoço e jantar*: as proporções entre insulina rápida e intermediária dependerão do tempo decorrente entre as refeições. A dose de insulina rápida relacionada a cada refeição é ajustada de acordo com a resposta de cada ingesta observada no dia anterior e controlada com a determinação da glicemia antes de cada refeição e de duas a três horas depois. A glicemia antes de cada refeição está relacionada à quantidade de insulina intermediária injetada antes de tal controle. Por outro lado, a glicemia nas duas ou três horas após a ingesta de alimento depende da quantidade e do efeito da insulina regular injetada anteriormente.

b) *Mistura de insulina de ação rápida e intermediária antes do café da manhã e do jantar, e de ação rápida sozinha antes do lanche*: é indicada sobretudo quando a insulina intermediária não consegue suprir as necessidades do lanche, se for abundante. Existe uma variante quando a refeição é abundante e o lanche nem tanto, que consiste na mistura da rápida e da intermediária antes do café da manhã e do jantar, e da rápida sozinha antes do almoço.

c) *Mistura de insulina de ação rápida e intermediária no almoço e no jantar, e rápida sozinha no café da manhã*: esse protocolo só é indicado quando se passa pouco tempo entre o café da manhã e o almoço, por exemplo, nos períodos de férias. A glicemia antes do café da manhã indicará a persistência e a eficácia da insulina intermediária injetada antes do jantar. A glicemia anterior ao almoço indicará a persistência da insulina rápida do café da manhã.

PROTOCOLO DE QUATRO INJEÇÕES POR DIA

Com quatro injeções por dia podem ser efetuadas diferentes combinações em função das necessidades concretas de cada criança:

a) Mistura de insulina rápida e intermediária no café da manhã e no almoço, rápida sozinha antes do jantar e intermediária ao dormir.

b) Rápida sozinha antes do café da manhã, almoço e jantar, e intermediária antes de dormir.

O autocontrole do diabetes

No diabetes é essencial que a quantidade de insulina injetada consiga normalizar ou "quase normalizar" a glicemia. Assim, é importante conhecer a glicemia, medindo-a com o auxílio de um medidor ou glicosímetro, que utiliza uma fita reagente embebida com uma gota de sangue.

A própria criança ou seus familiares, se ela for pequena, devem aprender logo a determinar a glicemia com essa técnica simples e rápida. A medição realizada pelo próprio paciente ou por seus familiares permite obter um controle exato e frequente da glicemia, para evitar que abaixe excessivamente (hipoglicemia) ou suba demais (hiperglicemia). O controle é obtido com pequenas variações na quantidade de insulina que será injetada depois. Para determinar a glicemia, seguem-se estes passos:

a) Obter uma gota de sangue: usam-se microagulhas acionadas por lancetas automáticas, que conseguem furar a pele sem dor. Deve-se furar de preferência nos dedos, na parte lateral da última falange, evitando a polpa, que é uma área mais dolorosa. Podem ser usados todos os dedos, e nas crianças pequenas o calcanhar também.

b) Colocar a gota de sangue na fita: o sangue deve cobrir totalmente a área da fita onde está o reagente.

c) Colocar a fita no aparelho medidor, que indicará o valor da glicemia.

Que glicemias devem ser obtidas?

A glicemia deve estar no nível ideal, que é diferente ao longo do dia.

a) Antes do café da manhã e de qualquer refeição, entre 80 e 120 mg/dl.
b) Uma a duas horas após o término de qualquer refeição, entre 100 e 180 mg/dl.
c) De madrugada, maior que 80-100 mg/dl.

Deve-se tentar evitar sobretudo as hipoglicemias, que são as glicemias menores que 60 mg/dl, mas também convém evitar as hiperglicemias, que são as glicemias maiores que 180 mg/dl.

Quando se deve medir a glicemia?

Quanto maior a frequência com que se mede a glicemia, melhor o controle do diabetes, já que permitirá modificar o tratamento, se necessário. Os controles de glicemia devem ser regulares e com uma frequência individualizada conforme a situação no momento. O intuito é sempre evitar variações glicêmicas indesejadas.

No período inicial do diabetes ou quando há certo descontrole, deve-se determinar a glicemia várias vezes, com muita frequência, para obter o "perfil glicêmico" de todo o dia e assim poder programar tanto o número de doses quanto as misturas de insulina. Quando o diabetes está estabilizado, não são necessários tantos controles.

Podem ser seguidas estas normas de frequência de determinação da glicemia:

a) No período inicial ou em qualquer momento de instabilidade, sete vezes por dia:

- Pela manhã em jejum.
- Duas horas depois do café da manhã.
- Antes do almoço.
- Antes do lanche.
- Antes do jantar.
- Duas horas após o jantar.
- Às 3h da madrugada.

b) No período estável do diabetes, quatro vezes por dia: sempre antes da administração de cada dose de insulina.

As outras glicemias serão realizadas cada dia em horários diferentes, para saber se a glicemia é a esperada e obter um perfil completo do dia com as determinações de vários dias.

Não se deve hesitar em determinar a glicemia quando existir uma situação especial, como, por exemplo, uma doença infecciosa, uma alteração importante nas refeições, e quando for verificada a existência de glicose na urina (glicosúria) ou então corpos cetônicos (cetonúria).

Como e quando fazer exames de urina?

Na urina pode-se medir com facilidade a presença de glicose (glicosúria) ou de corpos cetônicos (cetonúria), com o auxílio de algumas fitas reagentes que são submersas na urina e lidas comparando o resultado com uma escala de cores impressa no frasco. O método é simples e econômico, mas não é exato. Por si só não serve para controlar o diabetes, embora seja útil, já que o paciente diabético bem controlado tem sempre glicosúrias e cetonúrias negativas.

A descoberta de glicose na urina significa que houve glicemias maiores que 180 mg/dl, uma vez que com glicemias menores a glicose não é eliminada pelo rim. As glicemias altas nos indicam que é preciso modificar ou a quantidade ou a frequência das doses de insulina.

A existência de glicosúrias negativas é bom sinal; no entanto, não permite distinguir se as glicemias foram normais ou foram baixas demais (hipoglicemia).

Deve-se medir a glicosúria sempre ao levantar, com a primeira micção da manhã, que acumula a urina de muitas horas da noite. Também deve ser medida com frequência nos períodos de instabilidade ou de descompensação do diabetes. Se houver glicosúria, significa que o tratamento deve ser modificado. Se não houver glicosúria, sabemos que a glicemia não foi alta, mas não sabemos se foi baixa demais.

Para o diabético, a cetonúria é um sinal de perigo ainda maior que a glicosúria. Significa que está "queimando gorduras" porque não pode queimar glicose, o que indica que o diabetes está descompensado. Alguma coisa não funciona, e para averiguar isso deve-se determinar a glicemia, pois pode haver cetonúria tanto com hipoglicemia quanto com hiperglicemia, e a atitude a ser tomada é diferente para cada caso.

Alimentação da criança diabética

A criança diabética deve ter alimentação semelhante à das crianças de sua idade, porque precisa da mesma quantidade de calorias e de nutrientes. A alimentação deve ser correta, equilibrada e saudável, isto é, destinada a duas finalidades:

a) Suprir as necessidades em cada idade.
b) Prevenir as doenças degenerativas do adulto que já podem começar na infância: obesidade, aterosclerose, hipertensão arterial etc.

A alimentação da criança diabética deve seguir algumas normas gerais quanto ao tipo de alimento. Essas normas são apresentadas a seguir.

LEITE E DERIVADOS

Todas as crianças devem tomar no mínimo 600 ml diários de leite de vaca ou de seus derivados. Os adolescentes devem tomar no mínimo um litro diariamente. É a maneira mais fácil e segura de fornecer o cálcio necessário para mineralizar o esqueleto. Parte dessa quantidade pode ser substituída por iogurte ou queijo fresco.

O leite de vaca deve ser integral até os 4 anos. Depois dessa idade, a criança diabética deve tomar leite semidesnatado ou desnatado. São proibidos a manteiga, a nata e os queijos gordurosos (queijo prato e parmesão, entre outros). Os sorvetes também são proibidos. O queijo preferível é o queijo branco ou a ricota.

Cereais e leguminosas

As leguminosas (lentilhas, ervilhas, grãos-de-bico, feijões) são alimentos excelentes para a criança diabética, e ela deve comê-los quase todos os dias. Convém que o pão e os cereais sejam integrais, mais ricos em fibras, e sobretudo que não contenham açúcar. Devemos evitar totalmente a confeitaria industrializada: bolinhos doces, bisnaguinhas, *donuts*, chocolates etc.

O arroz e as massas (aletria, macarrão, espaguete) são excelentes alimentos e podem ser consumidos diariamente.

Devem ser evitados os açúcares simples, isto é, alimentos com sacarose, glicose e frutose, seja em forma sólida ou em forma de bebidas adoçadas (refrescos, refrigerantes de cola).

Verduras e frutas

As verduras e hortaliças são excelentes alimentos e devem ser consumidas em grande quantidade, sejam cruas (saladas) ou cozidas (verduras). É muito melhor comer a fruta inteira que beber o suco, que é excessivamente adoçado e não tem fibra. Só devem ser evitadas as frutas que contêm muito açúcar, como as bananas maduras, as tâmaras, os figos etc.

Carnes e peixes

É preciso evitar todas as partes gordurosas das carnes, assim como a pele, e consumir só a parte magra (sem gorduras). Por isso não convém consumir carne vermelha ou de porco, sendo mais recomendáveis as de frango ou peixe.

Deve-se evitar totalmente:

a) *Bacon*.

b) Embutidos (linguiça, salsicha etc.), patês, empanados e molhos.

c) Batatas fritas, manteiga e margarina.

d) Presunto defumado, sobretudo a gordura. O presunto magro é mais saudável.

e) Peixes são mais saudáveis que as carnes vermelhas. São recomendáveis todos os peixes, mas não os frutos do mar.

Ovos

Todas as crianças devem consumir dois ovos por semana porque o alimento contém ácidos graxos essenciais, porém não mais de três por semana por seu excessivo teor de colesterol.

Óleos

O melhor óleo é o azeite de oliva, mas também são recomendáveis os de soja e milho, tanto crus para temperar como para cozinhar. No entanto, na medida do possível convém evitar os alimentos fritos, sobretudo os industrializados, como as batatas. As gorduras de coco e o azeite de dendê, usados na culinária industrial e caseira, devem ser totalmente evitados.

Alimentos proibidos e permitidos

São proibidos para a criança diabética os alimentos que contêm uma grande quantidade de açúcares simples ou então gordura saturada em excesso. Já foram mencionados muitos deles, mas a seguir é apresentada a lista completa:

- Balas, guloseimas, tortas.
- Chocolate, sorvetes, massas, bolos.

- Mel, geleia, margarina, compotas, pudins.
- Frutos secos, como tâmaras, figos, passas etc.
- Leite condensado, leite vegetal ou de amêndoas.
- Manteiga, flãs, iogurtes adoçados.
- Embutidos, salsichas, patês, hambúrgueres industrializados, batatas fritas.
- *Bacon*, gordura da carne, queijos gordurosos, tutano.
- Refrigerantes de cola e refrescos adoçados.

Por outro lado, são permitidas e podem ser consumidas livremente todas as verduras e hortaliças, cruas ou cozidas: abóbora, abobrinha, acelga, aipo, alcachofra, alface, alho-poró, almeirão, aspargo, berinjela, brócolis, catalonha, cebola, *champignon*, cogumelos, couve, escarola, espinafre, nabo, pepino, pimentões, tomate e vagem. Também pode-se comer livremente todos os legumes e as batatas fervidas ou cozidas. Os peixes e as carnes magras (sem gordura) devem ser consumidos nas quantidades diárias adequadas a cada idade, que são aproximadamente:

- Crianças de 1 a 3 anos: 100 g diários.
- Crianças de 4 a 7 anos: 130 g diários.
- Crianças com mais de 7 anos: 150 g diários.

Exercício físico do diabético

A atividade física regular, mas moderada, é benéfica para todas as pessoas em qualquer idade. Por outro lado, a vida sedentária, o chamado "sedentarismo" pelo escasso exercício físico, é prejudicial para todas as pessoas em qualquer idade. A criança diabética, como todas, deve fazer exercício físico regularmente. As vantagens do exercício físico moderado, porém diário, são:

a) Aumento da mineralização dos ossos.
b) Diminuição do perigo da obesidade.
c) Redução dos fatores de risco cardiovascular, isto é, retarda o aparecimento da aterosclerose e da hipertensão arterial.
d) Melhora do metabolismo da glicose e dos lipídios, melhorando o "perfil glicêmico" e reduzindo as exigências de insulina.

Para que seja benéfico, o exercício nunca deve ser intenso, pouco habitual ou extenuante. O exercício físico muito intenso pode levar a criança diabética a uma hipoglicemia ou a uma hiperglicemia com cetose, isto é, a graves consequências metabólicas. A atividade física deve ser:

a) Moderada, sem chegar ao esgotamento.
b) Regular, isto é, diária ou em dias alternados.
c) Divertida e estimulante: deve-se escolher o esporte ou o exercício que mais agrade.
d) Evitar os esportes muito intensos, como os de competição ou os de contato físico.

O exercício físico exige que se consuma previamente uma alimentação adequada, bem como a existência de insulina suficiente para que os músculos possam utilizar a glicose. Convém medir a glicemia antes de fazer exercício físico. Os valores adequados estão entre 100 e 180 mg/dl. Sempre que houver uma hiperglicemia maior que 180-200 mg/dl ou existirem corpos cetônicos positivos na urina, deve-se adiar o exercício físico até que se consiga normalizar esses valores. Se a glicemia antes do exercício for inferior a 130 mg/dl, a criança deve ingerir um pequeno lanche rico em carboidratos, de absorção lenta, como, por exemplo, uma porção de 20 g de pão. O adolescente precisa de duas porções, por exemplo, de 40 g de pão.

O exercício físico não deve durar mais de uma hora. Do contrário, deve ser interrompido para comer outro lanche.

Ajuste das doses de insulina

As doses de insulina devem ser adaptadas às mudanças da glicemia para obter um perfil glicêmico diário o mais estável possível. O consumo de alimento deve ser o mais uniforme possível, com horários estáveis, e é preciso manter um exercício regular.

Não devem ser realizados ajustes durante situações extraordinárias, como em doenças agudas, estresse etc. Nesses casos, serão acrescentados suplementos pontuais de insulina, além das doses habituais.

Antes de efetuar os ajustes de insulina, devemos ter certeza de que as alterações da glicemia não são decorrentes de modificações na dieta ou no exercício físico. Os ajustes de insulina são feitos mediante pequenos acertos nas quantidades. A mudança não deve ser superior a três unidades de uma única dose de insulina. O controle do diabetes deve começar normalizando o nível de glicemia em jejum, modificando a insulina de ação retardada da noite. Uma vez normalizada a glicemia da manhã, deve--se ajustar progressivamente o restante das glicemias. Diante de qualquer problema, não se deve hesitar em consultar os profissionais responsáveis pelo acompanhamento do paciente.

Complicações agudas: cetose e cetonúria

A cetose e a cetonúria no diabético ocorrem quando a dose de insulina é insuficiente ou se passa por uma doença aguda, uma infecção, que aumenta as necessidades de insulina.

A consequência da falta de insulina é, por um lado, a hiperglicemia e, por outro, que o corpo começa a "queimar as gorduras", originando-se corpos cetônicos. Os corpos cetônicos aparecem no sangue (cetose) e na urina (cetonúria). A situação é preocupante porque, se persistir muito tempo, pode causar uma complicação grave chamada "cetoacidose diabética".

Os sintomas que indicam a hiperglicemia são: urinar com frequência (poliúria) e sede, que obriga a tomar muita água (polidipsia). Em uma fase mais avançada, os sintomas que indicam a cetose são: falta de apetite, náuseas, vômitos, dor abdominal e hálito com cheiro de maçã. Em uma fase posterior, aparece um abatimento geral, que já manifesta a cetoacidose grave.

Essa situação requer um tratamento rápido para evitar a deterioração do organismo. As duas medidas mais urgentes que devem ser adotadas são: injetar insulina de ação rápida (ou um análogo) e dar líquidos, via oral, evitando a desidratação. A dose de insulina de ação rápida dependerá da idade da criança e do estágio do diabetes. Como orientação, podem ser dadas de uma a duas unidades para cada 40 mg/dl de glicemia que ultrapassem os 140 mg/dl. Assim, para uma glicemia de 240 mg/dl serão injetadas de três a cinco unidades de insulina rápida (ou do análogo). A injeção será repetida a cada quatro horas (ou a cada duas horas, caso se use o análogo) até que desapareça a cetonúria. Os líquidos que devem ser tomados, por ordem de preferência, são:

a) Soluções comerciais de água e de eletrólitos já preparadas, os chamados "soros".

b) Suco de limão diluído em água, ao qual se acrescentou uma colherzinha de bicarbonato.

c) Caldos sem gordura.

Quando já não houver sede e tiverem desaparecido as náuseas, devem ser dados alimentos com carboidratos, como leite e iogurte desnatados, purê de batatas, bolachas etc. A criança em situação de cetose-cetonúria deve manter repouso até que esta tenha desaparecido.

Complicações agudas: hipoglicemia

A hipoglicemia é uma diminuição do nível de glicose no sangue abaixo de 60 mg/dl. Manifesta-se nos casos em que:

a) se injetou insulina demais;
b) a alimentação foi escassa ou insuficiente;
c) o exercício físico foi excessivo, sem a ingestão prévia de alimento suficiente.

Com um nível de açúcar tão baixo, os órgãos do corpo, sobretudo o cérebro, não conseguem funcionar bem e por isso o organismo reage liberando hormônios, como o glucagon, que provocam a saída para o sangue da glicose contida nos depósitos. Uma glicose de cerca de 70 mg/dl já é capaz de produzir sintomas de hipoglicemia, mas algumas crianças só apresentam sintomas quando ela se reduz ainda mais, ficando em torno de 40 mg/dl (hipoglicemia inadvertida ou despercebida).

A hipoglicemia é muito perigosa porque pode causar perda de consciência, convulsões ou "coma hipoglicêmico". Inicialmente pode haver sensação de fome, inquietação, formigamento nos dedos ou nos lábios, sudoração, sensação de frio, cansaço, dor de cabeça ou de abdome na criança maior, ou ainda só choro na criança pequena. Todos esses sintomas alertam a criança e os pais de que o organismo carece de glicose e de que devem ser ingeridos imediatamente alimentos açucarados. Se não se fizer isso e o nível de glicose diminuir ainda mais, ocorrerá uma perda progressiva das funções cerebrais e a criança apresentará dificuldade na fala, comportamento estranho, podendo chegar a perder totalmente a consciência.

O tratamento inicial que pode evitar as graves consequências da hipoglicemia é muito simples: consumir rapidamente glicose, açúcar ou alimentos bem açucarados, como suco de frutas, em quantidade aproximada de 10 a 20 g de açúcar. Assim que os sintomas melhorarem, deve-se medir a glicemia para verificar se subiu. Depois deve-se antecipar a refeição seguinte ou comer alimentos extras, ricos em carboidratos, como pão, bolachas, iogurte etc.

Quando a hipoglicemia já provocou a perda da consciência, a criança não pode receber líquidos devido à dificuldade em engoli-los; por isso é necessário tomar medidas mais drásticas. Deve-se injetar imediatamente glucagon por via intramuscular ou via subcutânea, meia ampola nas crianças com menos de 7 anos e uma ampola inteira nas maiores de 7 anos. Todos os diabéticos devem ter em casa e no lugar onde ficam mais tempo uma ampola de glucagon para situações de emergência. Se o glucagon fizer efeito e a criança recuperar a consciência, poderá ingerir líquidos adoçados, como foi exposto anteriormente. Se demorar a recuperar a consciência, deve ser levada imediatamente a um hospital, para receber por via intravenosa a glicose de que necessita com urgência.

A PREVENÇÃO DA HIPOGLICEMIA

As hipoglicemias são perigosas, por isso, além de saber o que fazer quando aparecem, é preciso preveni-las para evitar sua ocorrência. Para prevenir a hipoglicemia devem ser adotadas estas medidas:

a) Consumir nas refeições carboidratos suficientes, como pão, arroz, macarrão, batatas etc.
b) Seguir com regularidade os horários das refeições.
c) Ingerir um suplemento de carboidratos antes do exercício físico.
d) Verificar se a dose de insulina administrada é correta.
e) Levar sempre consigo, para casos de urgência, glicose, açúcar ou uma bebida adoçada.

Como precaução complementar, o diabético deve ter sempre à mão uma ampola de glucagon.

Em suma, pode-se dizer que a hipoglicemia, ou nível de açúcar no sangue baixo demais, é decorrente de:

a) Ter comido pouco ou ter pulado uma das refeições.
b) Ter feito exercício físico prolongado ou intenso demais.
c) Ter injetado insulina demais.

Os sintomas iniciais da hipoglicemia são: inquietação, fome e transpiração excessiva. Depois, aparecem a confusão ao falar, o comportamento estranho e a sonolência. Deve-se ingerir açúcar rapidamente ou injetar glucagon. Se não houver melhora, é preciso procurar um hospital.

Precauções do diabético em viagens e férias

O problema das situações não habituais, como viagens, férias e até mesmo os fins de semana, consiste na quebra da rotina de uma vida regular e organizada. Isto é, muda-se o horário das refeições, a alimentação e a prática de exercício físico. Isso implica a necessidade de realizar ajustes e mudanças nos horários de administração da insulina. Os adolescentes estão mais expostos a essas variações porque fazem mudanças mais radicais nas rotinas, tanto durante os fins de semana quanto nas férias.

O surgimento de hipoglicemia pode ser facilitado por:

a) atraso ou suspensão de uma refeição;
b) exercícios físicos prolongados, como dançar;
c) ingestão de álcool.

Para evitar problemas de descompensação do diabetes recomenda-se:

a) Nunca deitar sem ter medido a glicemia previamente, assim como sem ter tomado um lanche.
b) Reduzir os atrasos dos horários das refeições e sobretudo não pular nenhuma.

c) Em caso de atividade física excessiva, aumentar a quantidade de comida com suplementos extras.

d) Medir mais vezes a glicemia para adaptar a quantidade de insulina.

e) Não se esquecer de levar na mala de viagem insulina, alguns petiscos e uma ampola de glucagon.

f) Nas festas e aniversários procurar manter uma alimentação saudável. Se comer doces ou bolos, será preciso aplicar um suplemento de insulina de ação rápida para evitar a hiperglicemia.

Em suma, a vida da criança e do adolescente diabético deve ser o mais regular possível e, caso saia da rotina, será preciso modificar a quantidade e o horário de administração da insulina.

Não se deve esconder que se tem diabetes. O diabético deve usar uma carteira ou cartão de identificação para permitir a atuação adequada de professores, instrutores e pessoas de seu ambiente caso sofra algum problema agudo. Todos os professores e as pessoas que convivem com crianças e adolescentes diabéticos devem ter uma educação diabetológica básica para poder prevenir e saber agir em caso de hipoglicemia. Na caixa de primeiros socorros de todas as escolas deveria haver ampolas de glucagon para o caso de serem necessárias. A colaboração do professor é essencial para que a criança diabética se integre na classe como um aluno normal, apesar das peculiaridades impostas pela necessidade de controlar a glicemia, as refeições e o exercício físico.

20

Doença celíaca

A doença celíaca, ou espru, ou ainda enteropatia por sensibilidade ao glúten é uma enfermidade bem peculiar, que afeta tanto crianças quanto adultos e que muitas vezes é difícil de detectar. Caracteriza-se por uma intolerância ao glúten, um composto presente nos grãos de trigo e em outros cereais. Quando os celíacos comem alimentos que contêm essa substância, seu intestino fica prejudicado.

A frequência da doença celíaca vem aumentando e se apresenta cada vez mais em pessoas que não têm as manifestações habituais ou clássicas.

Neste capítulo explica-se em que consiste essa doença, quando se deve suspeitar que se sofre dela e o tratamento adequado.

O que é doença celíaca?

A doença celíaca consiste em uma intolerância ao glúten, precisamente a uma de suas frações proteicas, a "gliadina". O glúten é uma substância encontrada apenas em alguns cereais específicos, como o trigo, o centeio, a cevada e a aveia. Nem o arroz nem o milho contêm glúten.

A doença celíaca é uma enfermidade genética, isto é, só afeta quem é suscetível a ela por uma pequena mutação em seus cromossomos. Por isso, é mais frequente entre os membros de uma mesma família. Quando uma pessoa com predisposição genética a ter doença celíaca ingere glúten, origina-se em seu organismo uma reação imunológica (reação antígeno-anticorpo) que destrói uma parte do interior de seu intestino delgado, mais precisamente as vilosidades intestinais de sua mucosa, que são as encarregadas de absorver os nutrientes dos alimentos. Ao se destruir a mucosa intestinal, grande parte dos componentes dos alimentos que a criança ingere ficam sem ser absorvidos e, portanto, são eliminados juntamente com as fezes. Por isso, a maioria dos celíacos tem fezes abundantes.

A destruição causada pelo glúten no celíaco tem a característica de ser reversível, desaparecendo quando se deixa de ingerir glúten totalmente. Nessas condições, a mucosa se regenera pouco a pouco e o intestino volta à normalidade. O celíaco fica curado, mas, se voltar a consumir glúten, mesmo que em pequenas quantidades, a mucosa torna a ser destruída. Portanto, o celíaco tem esta dupla característica:

a) Será celíaco a vida inteira, isto é, nunca poderá consumir glúten.

b) Tem a certeza de que, se tiver o cuidado de não consumir glúten, nem sequer em pequenas quantidades, ficará totalmente normal.

Como ocorre a doença celíaca?

O celíaco tem a resposta imunitária, isto é, a capacidade de produzir anticorpos, parcialmente alterada. Quando uma pessoa com predisposição genética a ser celíaco entra em contato com o glúten pela primeira vez, comendo papinhas de trigo, por exemplo, começa a produzir "defesas" ou anticorpos contra seus componentes, precisamente contra a gliadina. Os anticorpos antigliadina agem contra o próprio paciente. Lesam e atrofiam os locais do intestino onde o glúten entra em contato com o corpo: as vilosidades da mucosa intestinal. Quer dizer, a doença celíaca é uma afecção "autoimune", caracterizada pelo fato de o próprio sistema imunológico atacar o paciente.

Como a mucosa intestinal é a região onde ocorre a digestão e absorção dos alimentos, o celíaco sofre de "má absorção intestinal", isto é, não absorve os alimentos adequadamente. Isso explica por que a maioria dos pacientes celíacos não aumentam de peso, têm diarreia, ficam desnutridos e podem ter anemia.

Pode-se prevenir a doença celíaca?

A doença celíaca não pode ser prevenida porque o celíaco é suscetível a essa afecção em decorrência de sua pequena mutação genética. O problema é que não se sabe antecipadamente qual criança é celíaca e qual não é. No entanto, pode-se adiar o início da doença, evitando totalmente o contato com o glúten antes dos 7 meses de idade. Assim, o celíaco não começará sua doença com poucos meses, adiando-a até o fim do primeiro ano, quando a criança tem mais peso e a doença não tem efeitos tão nocivos. Por essa razão, o bebê não deve receber papinhas de trigo (e dos outros cereais que contêm glúten) antes dos 7 meses de idade. Antes dessa idade, também não deve ingerir biscoitos, bolachas, pão etc. Deve-se dar a ele papinhas de "cereais sem glúten", compostas de arroz e de milho. Por outro lado, também ficam mais protegidas da doença celíaca as crianças amamentadas exclusivamente ao peito, sem outro alimento, até os 5 ou 6 meses de idade.

Quais são os sintomas da doença celíaca?

A doença celíaca afeta tanto crianças quanto adultos e pode manifestar-se de modo muito variado e distinto. Em algumas crianças pequenas, seus sintomas são muito evidentes, enquanto nas crianças maiores e adultos pode passar quase despercebida.

Há três grupos de pacientes celíacos: os que têm a doença celíaca clássica, os que têm a doença celíaca atípica e os que têm a doença celíaca oculta ou latente.

DOENÇA CELÍACA CLÁSSICA

É a mais frequente e a que costuma afetar as crianças pequenas. Predominam os sintomas digestivos, a diarreia e o escasso aumento de peso, que leva à desnutrição. A criança começa a não se sentir bem depois de dois ou três meses comendo papinhas com glúten. Apresenta fezes volumosas, malcheirosas, diarreicas, perde o apetite, pode vomitar, muda seu jeito e fica mal-humorada, não aumenta nada de peso e pode até mesmo perder peso. A criança fica magra, com aspecto triste e com o abdome inchado e proeminente.

DOENÇA CELÍACA ATÍPICA

Não é tão frequente e é mais difícil de detectar porque os sintomas não são digestivos. Pode aparecer em qualquer idade e com estes três sinais:

a) *Atraso do crescimento*: a criança tem baixa estatura. Como pode ser decorrente de várias causas, ao se examinar crianças com baixa estatura deve-se pensar na possibilidade de que tenham uma doença celíaca.

b) *Atraso da puberdade*: a criança não inicia a puberdade na idade adequada, e uma das causas pode ser a doença celíaca atípica.

c) *Anemia por falta de ferro*: que não responde ao tratamento e persiste durante anos.

Doença celíaca oculta

A doença celíaca oculta ou latente é mais difícil ainda de identificar, porque a pessoa parece normal. Isso pode ocorrer:

a) Nos familiares de primeiro grau de um paciente celíaco (pais e irmãos), porque têm predisposição genética semelhante.

b) Nos que têm uma doença de pele chamada "dermatite herpetiforme", considerada uma forma de manifestação da doença celíaca.

c) Nos que têm outras doenças "autoimunes", como diabetes melito ou infantil.

Como se diagnostica a doença celíaca?

Quando há suspeita de doença celíaca em virtude dos sintomas que a criança apresenta, deve-se fazer um exame de sangue dos "indicadores" dessa doença, que são precisamente os anticorpos antigliadina, dos quais existem vários tipos. Se os anticorpos antigliadina forem positivos, as possibilidades de a criança ter doença celíaca são muito elevadas.

A confirmação e a demonstração de que a criança sofre de doença celíaca exigem a comprovação da destruição da mucosa intestinal. Para isso, deve-se realizar uma biópsia do intestino, que consiste na extração de um pedaço muito pequeno da mucosa intestinal para ser observada no microscópio e verificar se apresenta algum tipo de atrofia. A biópsia é realizada na sala de radiologia, sem anestesia, sem dor e com reduzido desconforto para a criança, mediante uma pequena cápsula que se engole e que vem unida a um fio que serve para extraí-la por tração. A cápsula tem um mecanismo de pinça que extrai o pedacinho da mucosa.

Qual é o tratamento da doença celíaca?

O tratamento da doença celíaca é muito simples: a eliminação total do glúten da dieta. Mas, ao mesmo tempo, sua realização é bastante complicada porque os derivados do trigo estão presentes em muitos alimentos industrializados.

As farinhas de trigo e dos outros cereais que contêm glúten não se encontram apenas nos produtos de padaria, mas também em sorvetes, embutidos, conservas etc. É preciso analisar bem o rótulo com a composição dos alimentos e rejeitar os que contêm espessantes, amidos, malte, hidrolisados de proteínas etc. As associações de celíacos informam os alimentos permitidos e proibidos, e fornecem periodicamente listas atualizadas. Podem ser consumidos com toda a segurança alimentos frescos, como frutas, verduras, legumes, batatas, leite, carne, peixes, arroz etc. Não devem ser consumidos os alimentos industrializados cuja composição não é conhecida.

A eliminação do glúten da dieta deve ser total e, além disso, mantida a vida inteira, já que não existem as intolerâncias transitórias ao glúten. Ou se é celíaco ou não se é. Quando se elimina totalmente o glúten da dieta durante bastante tempo, por mais de um ano, deve-se fazer uma segunda biópsia intestinal para comprovar se a mucosa se regenerou e voltou à normalidade, isto é, sarou.

O celíaco que segue uma dieta correta é uma pessoa completamente normal. Aquele que comete transgressões, isto é, que não elimina o glúten da dieta, não regenera bem a mucosa, que continua a apresentar atrofia e pode desenvolver um câncer intestinal.

Alimentos sem glúten (permitidos aos celíacos)

- Todo tipo de carnes e vísceras, frescas ou congeladas.
- Presunto defumado.
- Peixes frescos e congelados. Também em conserva, ao natural ou fritos (mas sem empanar e sem molhos).
- Ovos.
- Leite e derivados (iogurte, queijos).
- Verduras e hortaliças, frescas ou congeladas.
- Tubérculos, como a batata, o nabo etc.
- Frutas, frescas e em calda.
- Sucos naturais.
- Leguminosas (ervilhas, grãos-de-bico, feijões etc.).
- Arroz, milho e tapioca.
- Óleos vegetais.

Alimentos com glúten (proibidos aos celíacos)

- Pão de trigo, cevada, centeio e aveia.
- Bolachas, pães de ló, tortas, bolos e alimentos confeitados em geral.
- Massas, como macarrão, espaguete, pizza, sêmolas etc.
- Carnes em conserva, à milanesa ou empanadas.
- Alimentos industrializados nos quais são usados farinhas, amidos ou féculas.
- Charcutaria, embutidos e patês.
- Alguns sorvetes e guloseimas.
- Sobremesas prontas (flãs, pudins etc.).
- Alguns frutos secos.

Devem ser evitados os alimentos industrializados que não estejam rotulados de modo adequado e deixem dúvidas se contêm ou não glúten. Pode-se consultar na internet a página da Associação dos Celíacos do Brasil (Acelbra), www.acelbra.org.br.

21

Epilepsia

A epilepsia é conhecida desde tempos muito antigos e tem uma certa tradição de "doença maldita" totalmente falsa. Hoje em dia, o conhecimento dessa doença é muito extenso e tentaremos resumir de forma simples os aspectos práticos mais importantes.

O que é epilepsia?

O termo "epilepsia" deriva do grego *epilambaneim*, que significa "pegar de surpresa", porque as crises epilépticas são inesperadas, surpreendentes (paroxísticas). É uma doença crônica do cérebro que afeta cerca de uma em cada cem pessoas, adultos e crianças, e que se manifesta em forma de "crises". Atualmente, progrediu-se muito no tratamento medicamentoso. Com a medicação adequada para cada caso, pode-se obter o controle da doença, isto é, evitar o aparecimento de crises epilépticas na grande maioria dos pacientes, em torno de 90%, que assim podem levar uma vida totalmente normal.

A "crise epiléptica" é decorrente de uma alteração no funcionamento de um grupo de células cerebrais (neurônios), que se descarregam de maneira sincronizada, isto é, ao mesmo tempo (recrutamento ou descarga hipersincrônica), em vez de se descarregar de forma programada e sucessiva. Em termos mais simples, há um grupo de neurônios que funcionam mal e dão ordens, todos ao mesmo tempo, aos músculos. A contração involuntária, brusca e anormal dos músculos é o que constitui a crise epiléptica.

É possível que só funcionem mal os neurônios de uma área restrita do cérebro, o que ocasiona uma "crise parcial ou focal". Se a crise epiléptica origina-se na totalidade do cérebro, causa "crises generalizadas".

Crises epilépticas parciais

As crises parciais podem ser de três tipos: crises focais elementares, crises focais complexas e crises focais que se generalizam.

CRISES FOCAIS ELEMENTARES

A característica é que durante esse tipo de crise não se perde os sentidos. Veem-se luzes, ouvem-se sons inexistentes, surgem tremores involuntários em um braço ou em uma perna etc. São as epilepsias menos perigosas, porque, ao se conservar a consciência, o perigo de acidentes é menor.

CRISES FOCAIS COMPLEXAS

Durante esse tipo de crise há perda de consciência, normalmente seguida de movimentos como o de mastigar, o de virar a cabeça, movimentos automáticos etc. Quando se recupera a consciência, fica uma sensação de confusão durante alguns minutos.

CRISES FOCAIS QUE SE GENERALIZAM

São crises que começam sendo ou elementares ou complexas, mas que depois se tornam generalizadas.

Crises epilépticas generalizadas

São as que afetam todo o corpo. Podem ser identificados diversos tipos ou variantes, que estudaremos nos itens a seguir.

CRISES GENERALIZADAS TÔNICO-CLÔNICAS

Começam com perda brusca dos sentidos e prosseguem com rigidez das quatro extremidades, o que é chamado de "fase tônica das crises". Podem ser acompanhadas de lábios roxos, saída de espuma pela boca, mordida da língua e emissão involuntária de urina. Depois ocorrem tremores rítmicos e iguais que afetam os dois braços e as duas pernas, isto é, as quatro extremidades, o que é chamado de "fase clônica da crise". Quando os movimentos cessam, a criança fica como que em um sono profundo, que será mais prolongado quanto maior for a duração da convulsão. Ao acordar, ela fica confusa, esgotada e pode ter dor de cabeça.

CRISES TÔNICAS

Caracterizam-se por durar bem menos e não apresentar os movimentos ou tremores das crises generalizadas. A criança perde bruscamente a consciência, com rigidez nas quatro extremidades e hiperextensão do tronco. Não costuma aparecer a fase de sono e a confusão posterior das crises generalizadas.

CRISES CLÔNICAS

Consistem em tremores rítmicos das extremidades, com uma frequência e duração variáveis, entre apenas alguns segundos e vários minutos. Depois, há alteração do nível de consciência, com perda dos sentidos se a crise for prolongada.

CRISES MIOCLÔNICAS

A mioclonia é um tremor involuntário brusco, muito rápido, de apenas décimos de segundo. Pode afetar as quatro extremidades ou só os braços ou os músculos do pescoço. Os músculos ficam bruscamente paralisados durante esse curto período de tempo, suficiente para fazer a criança cair no chão de repente. Se afetar apenas os braços, provoca a queda daquilo que se segura no momento. Se afetar os músculos do pescoço, produz uma inclinação brusca da cabeça para a frente.

Espasmos

Os espasmos consistem em uma crise de perda de consciência, acompanhada de flexão ou extensão da cabeça e flexão ou extensão dos braços. Duram poucos segundos, entre um e três, mas se repetem várias vezes seguidas em forma de salvas. A crise acaba com gritos ou choro da criança. Afeta sobretudo lactentes de poucos meses de idade.

Ausências

A ausência é uma crise breve, de cinco a quinze segundos de duração, que se caracteriza pela suspensão brusca da atividade realizada no momento, com interrupção da consciência. A criança faz alguns movimentos automáticos, como mexer os lábios como se estivesse se lambendo ou passando a mão na roupa, acompanhados de um olhar fixo e inexpressivo, com piscadas e virando os olhos. A crise acaba tão bruscamente quanto começou, e a criança reinicia a atividade que estava realizando antes da crise. Não afeta crianças pequenas.

CRISES ACINÉTICAS

São crises muito breves, de apenas um segundo de duração, durante as quais a criança perde bruscamente o tônus muscular e a consciência. Ela cai no chão e pode se machucar.

Aura epiléptica e estado epiléptico

A aura é a sensação que o epiléptico tem de que logo depois vai ter uma crise. Costuma ser muito breve, quase sempre a mesma para cada pessoa, mas diferente de uma pessoa para outra. A sensação é muito variável, já que pode ser visual, auditiva ou motora, e é benéfica porque permite ter consciência de que a crise vai ocorrer, o que permite tomar precauções, como deitar no chão, para evitar lesões.

Quando uma crise epiléptica dura poucos minutos é denominada "convulsão aguda". Quando se prolonga por mais de trinta minutos ou é mais breve porém se repete durante um período de tempo superior a meia hora, sem que se recupere a consciência entre elas, a situação já é denominada "estado epiléptico" ou "*status* epiléptico".

Quanto mais tempo uma convulsão aguda se prolongar, maior será o risco de sequelas e até de morte do paciente. Por essa razão, deve-se sempre tentar fazer com que todas as crises convulsivas durem o menor tempo possível. Isso pode ser feito com a administração de diazepam, por via retal, em forma de supositório. Deve-se administrar o medicamento o mais rápido possível quando se observar a crise convulsiva, já que não se pode saber quanto tempo ela vai durar. A dose de diazepam retal é de 5 mg nas crianças com menos de 2 anos, de 10 mg em crianças com mais de 2 anos e de 20 mg em adolescentes e adultos. Quando a crise convulsiva aguda não cessa e se prolonga por mais de trinta minutos (estado convulsivo), constitui uma emergência que necessita de tratamento hospitalar urgente. Durante o transporte para o hospital, recomenda-se:

a) Pôr o paciente deitado de lado para evitar o sufocamento caso ele vomite.

b) Acomodá-lo sobre uma superfície que não seja dura nem tenha pontas com as quais ele possa se machucar durante as convulsões.

c) Colocar um tubo de borracha ou um lenço entre os dentes dele, para evitar que morda a língua. Não devem ser usados objetos duros que possam machucá-lo.

d) Não se deve tentar conter à força os movimentos convulsivos do paciente, já que é contraproducente e ele pode se machucar.

O que desencadeia as crises epilépticas?

As crises epilépticas são desencadeadas pela própria doença, mas há fatores que podem favorecer a sua manifestação. É importante conhecê-los, porque, ao evitá-los, se reduzem as possibilidades de ocorrência de crises.

No paciente já diagnosticado de epilepsia, o fator mais importante é deixar de seguir o tratamento, ou seja, interromper ou esquecer a medicação. Esse descumprimento terapêutico é, ao mesmo tempo, o motivo mais frequente do reinício das crises e o mais fácil de prevenir.

Outros fatores são:

a) Os transtornos do sono, sobretudo a privação dele ou a diminuição do número habitual de horas de sono.

b) Os estímulos sensoriais intensos, sobretudo luminosos. As luzes fortes intermitentes ou os contrastes visuais rápidos, como a televisão, podem desencadear uma crise.

c) Outros fatores, como o cansaço, o estresse, o jejum prolongado, os problemas emocionais etc., têm influência bem menor.

Qual é a causa da epilepsia?

As epilepsias são classificadas em dois tipos diferentes, conforme se conhece sua causa ou não: epilepsias idiopáticas e epilepsias sintomáticas.

Epilepsias idiopáticas

Esse tipo de epilepsia não tem uma causa conhecida, não se sabe por que apareceu a doença. É o tipo predominante. Nos últimos anos foi possível identificar pequenas alterações nos genes que causam alguns tipos de epilepsia, como a mioclônica juvenil ou as convulsões neonatais familiares benignas. No entanto, a maior parte das epilepsias continua sendo de origem desconhecida.

Epilepsias sintomáticas

São as epilepsias nas quais existe um motivo que as ocasiona, isto é, há uma alteração cerebral prévia conhecida. Esse transtorno cerebral pode existir até mesmo antes do nascimento da criança. Podem ser decorrentes de malformações cerebrais, como agenesia do corpo caloso, transtornos da migração e da diferenciação celular, infecções que afetam o sistema nervoso do feto (toxoplasmose, citomegalovírus) etc.

Os transtornos cerebrais que ocasionam a epilepsia podem ocorrer na época perinatal, isto é, próximo do momento do nascimento da criança. O mais frequente é a chamada "encefalopatia hipóxico-isquêmica", causada pelo sofrimento fetal, isto é, a falta de oxigênio durante o parto ou antes dele. Outros fatores perinatais são as hemorragias cerebrais, as infecções, como a meningite, e as doenças metabólicas que afetam o cérebro.

Depois do nascimento também há doenças que podem causar epilepsia, como os transtornos cerebrais provocados por meningite, traumatismos cranioencefálicos, substâncias tóxicas etc.

As epilepsias sintomáticas caracterizam-se pelo fato de as crises epilépticas serem mais uma das consequências da alteração do cérebro, podendo também existir outras, como o retardo psicomotor. A grande maioria dos casos de epilepsia não é hereditária. Só em algumas poucas síndromes epilépticas foi possível identificar alterações nos genes que podem ser transmitidas. Essas epilepsias herdadas são do tipo benigno e costumam ser controladas facilmente com a medicação antiepiléptica.

Como se diagnostica a epilepsia?

O médico diagnostica a epilepsia realizando um histórico clínico detalhado que inclui:

a) As circunstâncias em que ocorre a crise.

b) O estado de consciência.

c) A descrição detalhada da crise: se foi generalizada ou parcial, se houve movimentos e quais extremidades se mexiam, se os olhos se reviravam, se houve relaxamento de esfíncteres ou mordida da língua etc.

d) A duração, fator muito importante.

e) A situação depois da crise.

f) Se a crise foi única ou se repetiu.

O histórico clínico permite diferenciar a crise epiléptica de outros episódios paroxísticos similares, que não são epilepsia e que são muito mais frequentes. Esses episódios são as síncopes vasovagais (ver o capítulo 12), as convulsões febris (ver o capítulo 7), as crises psicogênicas ou histéricas etc.

O processo diagnóstico completa-se com o exame físico e com exames complementares, dos quais o mais importante é o eletroencefalograma.

O que é o eletroencefalograma?

O eletroencefalograma (EEG) é o exame complementar diagnóstico mais importante na epilepsia. Consiste em captar a atividade elétrica emitida pelas células cerebrais mais externas (neurônios do córtex cerebral), amplificando-a milhares de vezes e marcando-a em um papel que desliza a uma velocidade contínua.

O EEG é registrado durante vários minutos, com o paciente em repouso total e com os olhos fechados. Como é muito difícil conseguir isso nas crianças, costuma-se administrar-lhes um sedativo meia hora antes. Em muitos casos, é necessário obter um registro EEG durante o sono, espontâneo ou induzido.

O diagnóstico de epilepsia habitualmente requer:

a) Que o paciente tenha sofrido não uma, mas pelo menos duas crises epilépticas verdadeiras.

b) Que tenha sido feito o estudo adequado.

É necessário ter plena certeza do diagnóstico, porque o tratamento com medicamentos antiepilépticos deve ser realizado de forma contínua, isto é, a longo prazo, de meses e anos de duração, além de poder ter efeitos secundários.

Tratamento com medicamentos antiepilépticos

Atualmente existem diversos medicamentos antiepilépticos eficazes. O médico escolhe o mais adequado para o tipo de epilepsia de que o paciente sofre. O ideal é usar um único medicamento, mas às vezes é necessária a combinação de dois ou três medicamentos tomados juntos para poder controlar totalmente as crises.

As doses diárias dos remédios são calculadas de acordo com o peso do paciente e costumam ser progressivas para que se tolere a medicação. Inicia-se com quantidades pequenas, de cerca de um quarto da definitiva, que vão sendo aumentadas pouco a pouco toda semana até alcançar a dose final em torno de quatro a oito semanas.

Quando a dose diária é única, costuma ser administrada à noite, após o jantar. Caso sejam necessárias várias doses ao dia, é melhor administrá-las após as refeições. Convém seguir essa regra, em vez de tomá-las em horário rígido, já que desse modo corre-se o risco de esquecer uma das doses. Ao associá-las às refeições, é mais fácil lembrar que é preciso tomar a medicação.

O tratamento com medicamentos antiepilépticos deve ser sobretudo eficaz, isto é, deve fazer as crises desaparecerem totalmente. Além disso, deve-se tentar reduzir ao mínimo os efeitos secundários ou desfavoráveis para não comprometer a qualidade de vida. O ideal é que, em qualquer idade, não haja transtornos que impeçam uma vida normal, seja na escola, seja no trabalho, nem a vida das demais pessoas.

É preferível sempre a monoterapia, ou seja, o tratamento que controla as crises com um único medicamento. Se isso não for possível, deve-se recorrer a dois ou mais remédios, já que a prioridade é eliminar as crises. Quanto mais medicamentos forem usados, maior será a possibilidade de aparecerem efeitos secundários e mais difícil será controlar seus níveis plasmáticos.

Níveis e doses de medicamentos antiepilépticos

Os medicamentos são absorvidos no intestino e passam para o sangue e para o cérebro, onde exercem seu efeito antiepiléptico. A quantidade ou concentração do medicamento no sangue é chamada "nível sérico". Os níveis dependem da dose tomada, mas também das peculiaridades de cada pessoa. Por essa razão, as doses dos remédios devem ser individualizadas, conforme os níveis que se alcançam em cada criança. Assim não se corre o risco de que não façam efeito (níveis baixos) ou sejam tóxicos (níveis altos).

Quando o nível plasmático de um medicamento é o adequado (nível terapêutico) e não ocorrem crises, significa que o tratamento é correto. Se as crises persistem apesar de atingir níveis adequados, pode-se considerar que o medicamento é ineficaz e deve ser substituído por outro.

Os níveis plasmáticos dos medicamentos também servem para verificar se o paciente está seguindo corretamente o tratamento. Se não foram tomados regularmente e algumas doses foram esquecidas, os níveis baixam. Caso haja novas crises, pode-se interpretar que o remédio é ineficaz, quando na realidade não é, tendo sido mal utilizado.

Os níveis do medicamento só são estáveis após um mês do início da administração da dose total (não no mês do começo do tratamento). É então que se deve realizar a medição do nível plasmático, que é determinado retirando-se sangue pela manhã em jejum. Os níveis plasmáticos também devem ser determinados em caso de dúvidas sobre o cumprimento da medicação, sobre a existência de efeitos adversos ou de mudanças significativas do peso corporal.

Administração da medicação

É muito importante a regularidade na administração da medicação antiepiléptica. Quando o paciente se esquece de tomar o remédio, os níveis plasmáticos diminuem, com o risco de o antiepiléptico perder a eficácia. O esquecimento involuntário ou o abandono voluntário da medicação são a causa mais frequente para o retorno das crises epilépticas, às vezes depois de muito tempo. É uma situação que deve ser evitada, adquirindo-se o hábito de associar a administração de medicação às refeições, para reduzir a possibilidade de esquecimento.

Quando se esquece de uma dose, deve-se tomá-la assim que se perceber o esquecimento. Em caso de vômitos, se ocorrerem antes de decorrida meia hora da administração do medicamento, considera-se que a maior parte dele foi expelida com o vômito, por isso é necessário repetir a dose. Se o vômito ocorrer depois de transcorrida meia hora da administração, considera-se que o medicamento já foi digerido e que não foi perdido.

O tratamento antiepiléptico deve durar anos, no mínimo dois, mas pode prolongar-se por até cinco anos, conforme o tipo de epilepsia e a maneira de se controlar as crises.

Vida diária do epiléptico

A criança epiléptica que segue o tratamento terapêutico e tem as crises controladas deve levar vida normal, como as demais crianças.

Escolarização

Deve ser a normal para a criança epiléptica sem crises ou com crises pouco frequentes. Se tiver um período de descompensação, terá de ausentar-se da escola até adequar a medicação e controlar as crises.

As crianças que, além da epilepsia, tiverem também algum transtorno neurológico, como atraso mental, problemas de conduta ou deficiências sensório-perceptivas, precisam de uma adaptação em forma de aulas de integração de escolas normais ou em escolas de educação especial.

ATIVIDADE FÍSICA E ESPORTE

A prática de atividade física moderada é boa para todas as pessoas em qualquer idade. O esporte permite que a criança epiléptica se integre mais em todos os aspectos de uma vida normal, que é o desejável. A atividade física nunca repercute negativamente na epilepsia e, por outro lado, sua restrição pode aumentar o senso de exclusão que a criança epiléptica pode ter ao se sentir diferente.

Nos esportes devem ser tomadas precauções e medidas de segurança simples, como evitar o risco. São proibidos os esportes com grande contato físico, assim como o mergulho, escaladas, motociclismo etc. São preferíveis os esportes coletivos de pouco risco, como natação, tênis, basquete, caminhadas etc.

MODO DE VIDA

Há um tipo de epilepsia chamada "fotoinduzida" ou "fotogênica", em que as crises são desencadeadas por estímulos luminosos fortes e persistentes, como os produzidos pela televisão ou pelas luzes de uma danceteria. As pessoas que sofrem desse tipo de epilepsia "fotossensível" devem evitar a televisão e os locais com luzes intermitentes rápidas. Mas a maior parte das epilepsias das crianças não são fotossensíveis e, portanto, não tem sentido fazer essas restrições, que diminuem a qualidade de vida.

Os computadores não têm luzes fortes, por isso todas as pessoas com epilepsia podem usá-los. Deve-se evitar o estresse e a falta de sono. O epiléptico pode receber todas as vacinas correspondentes a cada idade.

Prognóstico da epilepsia

Há tantos tipos de epilepsia que é impossível fazer um prognóstico geral ou global. Cada epilepsia tem suas próprias características. Podem ser consideradas de prognóstico favorável:

a) Aquelas nas quais as funções cerebrais trabalham com normalidade: inteligência, movimentos etc.

b) Quanto mais tardio for o começo das crises epilépticas, melhor será o prognóstico. Em geral, são de bom prognóstico as que começam depois dos 3 a 4 anos de idade.

c) As que têm poucas crises ou são bem controladas com o tratamento.

Em uma porcentagem muito pequena de crianças, apenas cerca de 2% dos casos, a epilepsia não cede com o tratamento medicamentoso e precisa de outras medidas, tais como a intervenção cirúrgica.

22

Exantemas na pele

Os exantemas são lesões ou manchas na pele de cor avermelhada ou rosada que normalmente (nem sempre) são decorrentes de infecção por vírus. Muitas infecções por vírus causam exantemas, mas algumas, como o sarampo e a rubéola, quase já desapareceram graças à vacinação de toda a população. Outras, como a catapora, estão em vias de desaparecimento porque também existe uma vacina eficaz (ver o capítulo 32). Outros exantemas, como o da escarlatina, são causados por bactérias.

Descreveremos brevemente as três doenças com exantemas na pele mais frequentes na atualidade.

Eritema infeccioso ou "quinta doença"

Pode afetar todas as idades, porém é mais frequente em crianças na fase escolar, com mais de 5 anos. É chamado "síndrome da face esbofeteada" porque se caracteriza pelo aparecimento de um exantema vermelho muito intenso nas bochechas que parece consequência de bofetadas. Esse eritema é provocado pelo vírus "parvovírus humano B19", que é transmitido e adquirido por contato com secreções respiratórias. Gera epidemias nas escolas, sobretudo na primavera e no outono.

O eritema infeccioso costuma evoluir sem febre ou com febre baixa. A doença começa pelo surgimento repentino do exantema nas bochechas, que depois pode se espalhar pelo pescoço e pelos ombros. As manchas são de intensidade variável, isto é, aparecem, desaparecem e se tornam mais ou menos evidentes ao longo do dia. Embora possa durar vários dias, é uma doença benigna que não costuma ocasionar muitos transtornos.

O eritema só é transmitido nos dias anteriores ao aparecimento do exantema, ou seja, quando não se sabe que a criança está doente. Por esse motivo, ela pode continuar frequentando a escola e não precisa ser isolada, visto que não transmite a doença. A única precaução que se deve tomar é suspender o exercício físico e a prática de esportes enquanto persistir o exantema.

Exantema súbito ou "sexta doença"

Também é chamado *roseola infantum* e é típico de crianças pequenas, com menos de 3 anos. Surgem epidemias na primavera e no outono e é causado por um "herpes-vírus". Caracteriza-se pelo fato de, antes do surgimento do exantema, a criança ter febre muito alta durante três ou quatro dias, mas não aparecerem sinais de doença, isto é, não há catarro, tosse ou diarreia. Apesar da febre, a criança está bem e não costuma se queixar de nada. Depois, a febre desaparece espontaneamente e, ao mesmo tempo, começam a ser observadas manchas rosadas, tênues mas extensas, no pescoço e em todo o tronco. É uma doença que não requer nenhum tratamento especial. As manchas duram apenas de um a dois dias e a infecção cura-se totalmente sem problema.

A característica dos exantemas produzidos por vírus é que são "evanescentes", isto é, mudam de intensidade e de lugar em horas. Além disso, desaparecem quando se aperta a pele pelos lados, embora voltem a aparecer ao se diminuir a pressão.

Há muitos outros vírus que também ocasionam os denominamos "exantemas virais inespecíficos" em crianças pequenas, nas quais costuma haver febre e essas manchas inconstantes ("polimorfas") que desaparecem com a pressão. Como o aspecto das manchas é muito semelhante para todos os vírus, é impossível determinar exatamente a família ou o tipo de vírus que os causa.

Escarlatina

A escarlatina é uma infecção diferente das anteriores porque é causada por uma bactéria, o *Streptococcus pyogenes*, que é o mesmo microrganismo responsável pela maioria das faringoamigdalites bacterianas (ver o capítulo 24). É uma infecção perigosa, e precisa ser tratada com antibióticos para se eliminar o microrganismo. Além disso, a criança tem de ser isolada para não contagiar as outras e por isso não deve ir à escola.

A escarlatina costuma afetar crianças maiores, em idade escolar. Ficam doentes de repente, com febre alta, vômitos, dor de garganta e de cabeça. O estado geral é afetado, e a criança perde totalmente o apetite e a vontade de brincar. O exame da boca é bem característico da doença, já que:

a) As amígdalas ficam grandes, muito vermelhas, brilhantes e não raro com placas brancas.

b) No palato há um pontilhado avermelhado.

c) A língua inicialmente fica branca, mas depois muda para uma cor vermelha brilhante, quase específica dessa doença ("língua em framboesa").

O exantema da pele costuma aparecer um ou dois dias depois do início da febre. É uma erupção constituída por pontinhos ("puntiforme") que se localiza no tronco e no pescoço e pode se espalhar também para as extremidades. É mais intensa nas dobras da axila e da virilha. Ao tocá-la, a pele é áspera, "pele de galinha". O exantema também se espalha por todo o rosto, sobretudo nas bochechas, embora exista em volta da boca uma área não afetada, como um círculo pálido.

O exantema da escarlatina dura de quatro a cinco dias, e depois a pele começa a se soltar, como pó ou pequenas escamas ("período descamativo").

O quadro descrito é bem característico e o médico poucas vezes tem dúvidas em diagnosticar essa doença. Pode ser confirmada mediante uma cultura faríngea para identificar o microrganismo causador, que é realizada esfregando a parede da faringe com uma espécie de cotonete; a amostra obtida deve ser enviada ao laboratório de microbiologia. Tem o inconveniente de que o resultado pode demorar vários dias, mas o microrganismo pode ser identificado por outro exame bastante confiável e muito rápido, em que os resultados são obtidos em poucos minutos. A escarlatina requer tratamento com antibióticos para eliminar a bactéria que a provoca.

23

Faringoamigdalite

As amígdalas ou tonsilas situam-se no fundo da boca, nas paredes laterais no final da língua, e são como sentinelas que protegem dos microrganismos que tentam penetrar no organismo. Por esse motivo, inflamam-se com muita frequência (amigdalites ou anginas), e com elas também a parede posterior da boca, a faringe (faringoamigdalite).

Quais são as causas da faringoamigdalite?

As causas da faringoamigdalite são as infecções, tanto por vírus como por bactérias. São mais frequentes nos meses frios do ano, embora possam afetar as pessoas em qualquer época.

Nas crianças pequenas, com menos de 2 anos, as faringoamigdalites são causadas quase sempre por vírus. Nas crianças em idade escolar e nos adolescentes, podem ser causadas tanto por vírus como por bactérias, sobretudo pelo *Streptococcus pyogenes* (faringoamigdalite bacteriana).

Quais são os sintomas da faringoamigdalite?

As crianças pequenas com faringoamigdalite costumam ter febre, perda do apetite, choram como se sentissem dor e podem vomitar. Às vezes, também têm catarro e tosse.

As crianças maiores com faringoamigdalite têm febre alta, queixam-se de dor de garganta, não conseguem engolir e sentem dor de cabeça e, às vezes, dor no abdome. Os gânglios laterais do pescoço e os embaixo da mandíbula também podem inchar, e muitas vezes surgem erupções ou manchas na pele.

Se observarmos a garganta da criança, veremos que há vermelhidão e inflamação de toda a porção posterior da boca:

a) Amígdalas aumentadas.
b) Vermelhidão intensa de amígdalas e garganta.
c) Às vezes placas brancas sobre as amígdalas, às vezes com pequenas úlceras.

Qual é o tratamento das faringoamigdalites?

É uma doença muito incômoda, a criança passa mal, e é preciso aliviar a dor e a febre administrando-lhe medicamentos antitérmicos (ver o capítulo 2). Se a criança tiver pouca febre, ficará mais disposta e poderá tomar líquidos ou leite. Normalmente a criança perde a vontade de comer porque tem mal-estar, além de sentir dor ao engolir. Não se deve forçá-la a comer. No entanto, é importante mantê-la bem hidratada, oferecendo-lhe líquidos em abundância. Às vezes, ela tolera melhor o iogurte ou o leite frio.

O tratamento com antibióticos depende de o médico suspeitar que a causa é uma infecção bacteriana ou uma infecção por vírus. Nas crianças com menos de 2 anos, as faringoamigdalites quase sempre são causadas por vírus, por isso poucas vezes necessitam de antibióticos.

Nas crianças maiores, quando se quer saber com certeza se a infecção é causada por uma bactéria, deve-se fazer uma cultura faríngea, com o inconveniente de que o resultado demora três dias. Há técnicas rápidas, com resultados em poucos minutos, bastante confiáveis, embora nem tanto quanto a cultura convencional. As faringoamigdalites bacterianas devem ser tratadas com antibióticos durante vários dias para garantir a erradicação do microrganismo.

Amigdalites de repetição

Muitas crianças têm episódios repetidos de amigdalite, sobretudo nos meses de inverno. É um fenômeno normal, especialmente nas crianças menores, que ainda não têm os mecanismos de defesa contra várias infecções (a "imunidade") desenvolvidos. Lembremos que as amígdalas fazem parte do sistema linfático de defesa contra as infecções, isto é, a amigdalite protege de uma infecção mais grave e generalizada. A maioria das vezes o problema desaparece à medida que a criança cresce, fica maior e adquire e fortalece os mecanismos de defesa. Com a idade o número de faringoamigdalites costuma diminuir.

Às vezes, os episódios repetidos de amigdalite são associados a amígdalas volumosas. Também é um fenômeno normal nas crianças, porque todo seu tecido linfático fica aumentado. Em geral, o tamanho das amígdalas diminui com o aumento da idade. Embora no passado as amígdalas volumosas fossem extraídas de muitas crianças, atualmente demonstrou-se que é preferível conservá-las, e já são realizadas bem poucas amigdalectomias ou extração das amígdalas.

A principal indicação para a extração das amígdalas não são amigdalites de repetição, mas sim o fato de seu tamanho excessivo dificultar a respiração. As amígdalas muito volumosas causam ronco noturno e as chamadas "pausas na respiração", que, se forem prolongadas, poderão prejudicar o organismo (pausas de apneia). É a denominada "síndrome da apneia obstrutiva" ou SAO, cujo diagnóstico exige exames especiais. Nesses casos raros, a extração das amígdalas e de adenoides (as amígdalas situadas na parte posterior do nariz) resolve o problema.

24

Hepatite

A hepatite é a infecção e inflamação do fígado causada por vírus.

Quais são as causas da hepatite?

O fígado pode sofrer lesão e ficar inflamado por muitas causas:

a) Substâncias tóxicas habituais como o álcool: o fígado dos alcoólatras sofre mais lesões quanto maior e mais prolongado o consumo de álcool.
b) Substâncias tóxicas incomuns, como produtos industriais (inseticidas, solventes etc.), cogumelos venenosos, medicamentos tomados em quantidades excessivas etc.
c) Doenças raras do metabolismo que afetam o fígado.

Muitos vírus que contagiam as crianças, além de provocar sintomas gerais, podem afetar um pouco o fígado.

É o caso do vírus que causa a mononucleose infecciosa (vírus de Epstein-Barr) ou os vírus da rubéola, do herpes, os citomegalovírus etc. Nesses casos, a inflamação do fígado (hepatite) costuma ser discreta ou moderada, e pode até passar despercebida.

Os vírus que contaminam sobretudo o fígado são chamados "vírus hepatotrópicos" e designados com as letras maiúsculas do alfabeto: A, B, C, D, E etc. Os mais frequentes, com grande diferença, são os vírus A e B, os quais descreveremos brevemente.

Hepatite A

É a mais frequente, sendo causada pelo vírus da hepatite A. É transmitida de uma pessoa para outra através do contato direto, pelas mãos ou por objetos de uso diário. Por isso, são frequentes os contágios dentro da família ou nas creches e escolas.

A hepatite A costuma ser benigna, isto é, quase sempre desaparece sem deixar vestígios. Há uma forma de hepatite A muito grave, chamada "hepatite fulminante", mas felizmente é raríssima. Nunca se torna crônica, nem costuma ter sequelas ou resquícios.

Hepatite B

É menos frequente, porém mais grave. É ocasionada pelo vírus da hepatite B, totalmente diferente do da A.

Não é transmitida através das mãos e objetos, mas apenas por meio do sangue, isto é, para haver contágio, o sangue do contaminado deve entrar em contato com o da pessoa saudável. Como hoje em dia as transfusões nos hospitais têm um controle rigoroso da presença do vírus da hepatite B, o mecanismo mais frequente de contágio é através de agulhas contaminadas, no caso de pessoas dependentes de drogas, ou por contato sexual. Uma mãe infectada também pode contagiar seu filho durante o parto, embora seja possível prevenir essa transmissão de modo muito eficaz.

A hepatite B pode ter uma forma aguda muito grave (hepatite fulminante), porém é mais frequente a forma menos grave. Tem o risco de se tornar crônica, isto é, permanecer durante anos e acabar destruindo o fígado (cirrose hepática e câncer de fígado).*

Quais são os sintomas da hepatite?

A hepatite manifesta-se de maneira parecida com a de outras infecções por vírus. O paciente apresenta abatimento, mal-estar, cansaço, febre (embora não costume ser alta), dor abdominal e dor muscular. Podem aparecer

---

* A hepatite C, apesar de menos sintomática que as outras hepatites por não gerar uma resposta imunológica adequada do organismo, tem sido motivo de maior preocupação no âmbito da saúde pública mundial. A maioria das pessoas infectadas pelo vírus da hepatite C desenvolve hepatite crônica, com suas consequências de longo prazo (cirrose e câncer de fígado). O principal meio de transmissão é o contato com sangue contaminado. [N. da E.]

náuseas e vômitos. A criança tem vontade de ficar na cama e perde completamente o apetite.

Uma característica da hepatite é a alteração da eliminação pelo corpo (excreção) de um pigmento amarelo, a bilirrubina, que normalmente é expulsa pelas fezes. Durante a hepatite, esse pigmento passa a ser expelido sobretudo pela urina, que assume uma coloração escura, de tom de conhaque (colúria). Por outro lado, o pigmento é pouco eliminado pelas fezes, que ficam menos coloridas, mais esbranquiçadas (acolia). Quando há muita bilirrubina, ela se acumula na pele, o que provoca a coloração amarelada típica do doente de fígado (icterícia).

Muitas hepatites têm a sintomatologia referida, porém bem atenuada, tanto que às vezes passam despercebidas e não são diagnosticadas (hepatites assintomáticas ou hepatites anictéricas).

Para confirmar a hepatite, os exames de laboratório precisam apresentar uma alteração específica: as transaminases. A elevação dos níveis normais de transaminases no sangue revela a hepatite e, além disso, pode servir para controlar sua evolução, já que aumentam quando a hepatite piora e diminuem quando ela melhora.

O exame de sangue também pode identificar o tipo de vírus que causa a hepatite, seja A ou B (antígenos), bem como a resposta do organismo perante essa infecção (anticorpos). No caso da hepatite B, esses exames podem indicar também o estado em que se encontra a infecção no momento, isto é, se o paciente pode transmitir a doença (ainda tem o vírus) ou se a superou e não é transmissor (tem o anticorpo, mas não o antígeno).

Qual é o tratamento da hepatite?

A hepatite A cura-se por si só e não se torna crônica, por isso não requer tratamento específico. A criança deve manter relativo repouso, isto é, não precisa ficar de cama, mas não deve fazer esforços nem exercício físico. A alimentação deve ser normal, mas convém evitar as comidas pesadas e muito gordurosas. É muito importante evitar o contágio das pessoas de seu ambiente, tanto familiares quanto colegas.

A hepatite B ainda não tem um tratamento eficaz para eliminar o vírus. Nos casos agudos, deve-se manter repouso. Nos casos crônicos, estão sendo testados medicamentos como o Interferon.

Como se pode prevenir a hepatite?

Embora a hepatite não tenha um tratamento capaz de destruir os vírus, dispõe-se de vacinas muito eficazes que previnem a doença. As medidas preventivas são diferentes em cada tipo de hepatite.

HEPATITE A

A criança que tem hepatite A fica eliminando o vírus pelas fezes duas semanas antes de adoecer, e continuará assim até uma semana após o início da doença. Durante esse período, pode contaminar seus familiares e seus colegas de classe, embora seja possível evitar esse contágio tomando as seguintes precauções:

a) A criança não deve ir para a escola até, no mínimo, uma semana após ter ficado doente.

b) Em casa, a criança não deve compartilhar copos, colheres, guardanapos etc.

c) Toda a família deve sempre lavar as mãos com água e sabonete depois de ter contato com a criança ou com suas excreções.

Para maior proteção, as pessoas que têm contato com a criança devem receber um fator protetor passivo, a imunoglobulina, e também o fator protetor ativo, a vacina contra o vírus da hepatite A. A vacina é muito eficaz, devendo ser aplicada em caso de epidemias em escolas e creches, e também ao se viajar para áreas em que a hepatite A é endêmica.

Hepatite B

A vacina da hepatite B é muito eficaz e há anos tem sido ministrada a todos os recém-nascidos, que, se recebem todas as doses indicadas, ficam protegidos para sempre dessa perigosa doença.

As crianças maiores e os adolescentes também podem ser vacinados. Em um futuro próximo, quando toda a população estiver vacinada, a hepatite B poderá ser eliminada.

Os recém-nascidos, filhos de mãe portadora do vírus da hepatite B, precisam ser protegidos com algumas medidas especiais para evitar o contágio. Para isso, nas primeiras horas de vida recebem a imunoglobulina e também a primeira dose da vacina contra o vírus da hepatite B.

25

Infecção urinária

A infecção do trato urinário (erroneamente denominada "infecção da urina") é a inflamação e infecção de qualquer um dos componentes das chamadas "vias urinárias", isto é, o caminho que a urina segue desde sua formação no rim até sua emissão para o exterior. Esse "trato urinário" compreende o próprio rim, a bexiga e os condutos chamados "ureteres", que conectam o rim à bexiga. A infecção urinária pode restringir-se apenas à parte mais baixa, a bexiga, e então é chamada "cistite", ou afetar também a parte mais alta, o rim, e nesse caso é denominada "pielonefrite".

A infecção urinária pode ocorrer em qualquer idade, porém é mais frequente nas crianças pequenas, nas quais às vezes é um processo grave.

Qual é a causa da infecção urinária?

A infecção urinária é produzida pelas bactérias que normalmente vivem no intestino e saem com as evacuações. A mais frequente é a *Escherichia coli*. Essas bactérias instalam-se na pele ao redor do ânus, ficando perto do final da via urinária (o meato uretral), por onde sai a urina. A partir do meato, podem penetrar até a bexiga e o rim. Em geral, os mecanismos de defesa contra as infecções impedem a penetração das bactérias e a ocorrência da invasão. No entanto, essas defesas podem falhar nos casos em que:

a) a limpeza e a higiene na área genital são imperfeitas;
b) a exposição da área genital à umidade e ao frio é excessiva;
c) existe alguma alteração congênita das vias urinárias, isto é, já presente desde o nascimento, mas que permanece oculta.

Às vezes, a infecção urinária ocorre por razões desconhecidas, sem a presença de nenhum desses fatores.

Quais são os sintomas da infecção urinária?

Os sintomas de infecção urinária variam muito, sobretudo com a idade da criança e dependendo de a infecção estar localizada apenas nas vias baixas (cistites) ou afetar também o rim (pielonefrite).

Na criança maior e no adolescente são mais frequentes os sintomas relacionados com a micção, como urinar muitas vezes seguidas, ter vontade contínua de urinar, a urgência e o ardor ao urinar. Algumas vezes, a urina é turva e cheira mal. Quando a infecção também afeta o rim, aparecem febre alta, vômitos e dor na área renal (a parte lateral e baixa das costas, em ambos os lados da coluna vertebral).

Nas crianças pequenas, com menos de 2 anos, geralmente a infecção urinária não causa incômodos ao urinar, e, se eles existirem, fica difícil detectá-los. Nessa idade, talvez apresentem apenas febre alta, que pode indicar que a infecção chegou ao rim. Além de febre, elas podem rejeitar o alimento, vomitar, chorar com expressão de dor etc. A urina pode ser turva, mas na maioria das vezes não há um sintoma claro que indique a presença de infecção urinária.

Como se diagnostica a infecção urinária?

O médico diagnostica a infecção urinária pela história clínica e realizando exames de urina e de sangue.

Nas crianças, o exame de urina é muito difícil, porque é preciso colher urina não contaminada pelas bactérias que ficam na pele em torno do meato uretral (orifício por onde a urina sai) e que são as mesmas responsáveis pela infecção.

Para colher urina não contaminada é necessário:

a) Limpar cuidadosamente com água e sabonete toda a área genital, em especial as imediações do meato uretral. Nos meninos com fimose há um problema adicional, uma vez que é impossível limpar bem as adjacências do meato.

b) Colher a urina do jato médio, isto é, não colher o jato inicial, que está contaminado. Deve ser colhida em um recipiente esterilizado e enviada imediatamente ao laboratório.

c) Nas crianças pequenas, cuja micção ainda é involuntária, a urina é colhida em um saquinho esterilizado que se adere aos genitais, com maiores possibilidades de contaminação. Para ter certeza de que a urina não fica contaminada na coleta, ela deve ser obtida mediante uma sonda colocada na bexiga.

Os exames de urina e de sangue devem ser interpretados apenas pelo médico, que pode realizar outros exames, como ultrassonografias e radiografias.

Como tratar da infecção urinária?

O tratamento da infecção urinária necessita de antibióticos, administrados por via oral, se a infecção for leve, ou por via intravenosa, se a infecção for grave. A duração do tratamento varia entre 7 e 21 dias, conforme a gravidade. Muitas crianças, sobretudo as pequenas, precisam ser internadas em hospital para que o tratamento seja mais efetivo.

Algumas crianças têm alterações congênitas (já presentes ao nascer) na formação e no desenvolvimento das vias urinárias. Essas alterações já podem ser conhecidas ou, o que é mais comum, ser descobertas quando a criança tem uma infecção urinária. A alteração mais frequente é o chamado "refluxo vesicoureteral", que consiste em parte da urina refluir da bexiga para cima, em direção ao rim. Isso faz que a urina fique estancada e seja contaminada com mais facilidade. Nesses casos, podem ser indicados tratamentos especiais.

É possível prevenir as infecções urinárias?

É difícil prevenir as infecções urinárias. No entanto, pode-se diminuir seu número, seguindo sempre as recomendações do médico, além de tomar as seguintes medidas:

a) *Higiene da área genital*: é preciso lavar bem com água e sabonete suave toda a área genital, sobretudo depois de defecar. Nas meninas, a limpeza deve ser feita de frente para trás, em direção ao ânus, e não em sentido contrário. O banho de chuveiro é preferível ao de imersão.

b) *Evitar a prisão de ventre*: se a criança não evacuar pelo menos uma vez por dia, deve-se rever a alimentação, evitar alimentos que prendem o intestino e aumentar o consumo de verduras, frutas e legumes.

c) *Água suficiente*: oferecer água suficiente à criança, até mesmo em quantidade superior à normal, e ensiná-la a esvaziar totalmente a bexiga um pouco antes de deitar.

d) *Esvaziamento vesical*: ensinar a criança a usar regularmente o banheiro a cada duas ou três horas. Ela nunca deve segurar se tiver vontade de urinar, mesmo que esteja na escola.

e) *Roupas que não apertem*: evitar as roupas apertadas, tanto a roupa de baixo quanto as outras peças.

26

Laringite (crupe)

A laringite ou crupe é uma doença aguda, que chama a atenção e causa grande inquietação, embora raramente seja grave. Quase sempre pode ser tratada em casa sem problema algum, mas é preciso identificar os sinais de gravidade para tomar as medidas adequadas.

O que é a laringite?

A laringe é a parte da via respiratória situada logo abaixo da faringe e antes da traqueia e dos brônquios. É importante porque em seu interior estão alojadas as cordas vocais, que tornam possível a fala.

A laringite é a inflamação da laringe. Quase sempre é causada por vírus, mas algumas vezes pode ser decorrente da poluição do ar, de esforços excessivos da voz (caso dos cantores e professores) ou de irritação pela fumaça do cigarro.

Os vírus que causam a laringite são todos aqueles que atacam as vias respiratórias, sobretudo os *parainfluenzae*.

A doença é mais frequente nos meses frios do ano e costuma aparecer em epidemias.

Afeta sobretudo as crianças pequenas, entre 1 e 4 anos de idade. As maiores costumam ter laringites mais leves.

Como identificar a laringite?

Na maioria dos casos, a criança já está resfriada nos dias anteriores, com catarro no nariz e às vezes um pouco de tosse e febre. Porém, de repente, de madrugada, o tom da tosse se torna especial, grave, grossa e metálica ("tosse de cachorro"). A criança tem também rouquidão ou disfonia e às vezes afonia total, isto é, sua voz não "sai" porque as cordas vocais ficaram inflamadas. Quando a inflamação da laringe é ainda mais intensa, o espaço interno do tubo laríngeo diminui. A passagem do ar para os pulmões é feita com dificuldade e durante a inspiração aparece um ruído característico, denominado "estridor" ou crupe. O estridor é mais perceptível quando a criança chora, e diminui, podendo desaparecer, quando ela está tranquila. Se a inflamação é muito intensa, pode surgir dificuldade para respirar, já que o ar entra de forma inadequada nos pulmões, obrigando-os a fazer um esforço ou "trabalho respiratório". Com os movimentos respiratórios dificultados, os espaços entre as costelas e o vão situado sobre o esterno se reduzem. A criança parece sufocar, e de fato corre esse risco se a luz da laringe ficar estreita demais.

O que fazer em caso de laringite leve?

Embora a maioria das laringites seja leve e não tenha consequências, nas graves a criança pode ter insuficiência respiratória devido à falta de entrada de ar nos pulmões. A atitude dos pais deve ser diferente em cada caso, e é preciso distinguir e identificar os sinais de gravidade.

A laringite leve distingue-se porque provoca mudanças na voz (disfonia, afonia) e tosse de cachorro, porém o ruído inspiratório (estridor) é leve, sendo ouvido apenas quando a criança chora e está agitada, mas não quando está tranquila. Não se observa nenhuma dificuldade para respirar, isto é, a criança não respira muito depressa, nem se reduzem ou "acentuam" os espaços entre as costelas.

Os casos de laringite leve melhoram por si sós, sobretudo se a criança respirar ar frio ou ar umedecido com um umidificador. Os sintomas desaparecem em dois ou três dias, embora a tosse possa durar muito mais. Esse tipo de laringite não requer tratamento medicamentoso.

O que fazer em caso de laringite grave?

As crianças com laringite grave também têm tosse de cachorro e a "voz sumida", mas os casos graves se distinguem dos leves porque o estridor é intenso e ouvido em repouso, quando a criança não chora. As laringites graves precisam de consulta médica e tratamento medicamentoso para reduzir a inflamação, que diminui o calibre ou a luz da laringe.

Se a criança apresentar não apenas estridor intenso, mas também dificuldade para respirar, isto é, aumento do trabalho respiratório, deve-se consultar com urgência o pediatra ou ir ao pronto socorro. Para melhorar a dificuldade para respirar, a criança poderá necessitar de oxigênio e de medicamentos anti-inflamatórios por via intravenosa, que têm efeito mais rápido. Em alguns casos muito graves, a criança precisará da ajuda de meios mecânicos (respirador) para respirar.

Em síntese, o fundamental na laringite é controlar a dificuldade para respirar, que é o indicador de que a criança precisa de tratamento urgente. A intensidade do ruído ao inspirar (estridor) pode servir de guia da gravidade da laringite. As crianças menores são as que podem ter laringite mais grave porque o calibre interior de sua laringe é menor e pode ser obstruído totalmente com mais facilidade.

O que não fazer em caso de laringite?

Na laringite são prejudiciais ou inúteis as seguintes medidas:

a) *Dar antibióticos*: as laringites são causadas por vírus e não são necessários tratamentos antibióticos.

b) *Manter a criança agasalhada*: pelo contrário, ela deve ficar sem roupa para observar bem se há ou não dificuldade para respirar.

c) *Manter o quarto muito quente*: a laringite melhora se a criança respirar ar frio e úmido, carregado de vapor de água.

d) *Forçar a criança a comer*: a laringite, como a maioria das infecções, tira quase totalmente o apetite e é inútil tentar fazer a criança comer. Convém, sim, que ela tome tudo o que quiser, por isso é preciso oferecer-lhe tanto água quanto líquidos alimentícios (leite, caldos etc.). Uma boa hidratação melhora o estado geral.

e) *Deixar a criança sem vigilância*: a laringite pode mudar de leve para grave em poucas horas, e é preciso observar a criança para controlar sua evolução.

Pode-se prevenir a laringite?

Atualmente não existem vacinas que protejam contra os vírus que provocam a laringite. A única medida preventiva é evitar o contágio, procurando impedir que a criança esteja em contato com outras que sofrem da doença ou com qualquer pessoa com sintomas de resfriado.

27

Meningite

"Meningite" é uma palavra que causa muito medo porque é quase sinônimo de doença grave, que pode levar a criança à morte ou a ficar com resquícios ou sequelas. É uma doença muito especial, com formas benignas desprovidas de consequências e formas que podem matar a criança em poucas horas.

Este capítulo tem o objetivo de ajudar os pais a identificar os sintomas da meningite e também a preveni-la.

O que é a meningite?

"Meningite" significa infecção e inflamação das meninges, as membranas que envolvem todo o cérebro e toda a medula espinhal, banhadas por um líquido transparente, o líquido cefalorraquidiano.

A infecção que causa a meningite pode ser ocasionada por bactérias ou por vírus. As bactérias produzem uma infecção grave, enquanto os vírus provocam uma infecção que sempre desaparece espontaneamente, salvo em muito raras vezes.

As meningites causadas por vírus são as mais frequentes. É comum haver epidemias de meningite nos meses temperados do ano (primavera e outono), e a maioria é causada por "enterovírus", isto é, vírus que vivem no intestino humano. Afetam todas as idades e felizmente sua evolução é favorável.

As meningites originadas por bactérias (meningites bacterianas) são mais graves, embora menos frequentes. Também podem afetar crianças de qualquer idade, mas principalmente as pequenas, com menos de 4 anos. As bactérias que causam a meningite são sobretudo duas: o meningococo e o pneumococo. As meningites causadas por outra espécie muito nefasta, o *Haemophilus influenziae*, já desapareceram graças à vacinação de todas as crianças contra essa bactéria.

As meningites bacterianas mais frequentes são as causadas pelo meningococo. Existem dois tipos, o B e o C. Atualmente, ainda não se dispõe de vacina contra o meningococo B, embora haja uma muito eficaz contra o tipo C, o que permite prevenir a doença vacinando todas as crianças.

A meningite bacteriana por pneumococo é mais rara, porém muito grave. Existem muitos tipos de pneumococo. Dispõe-se de uma vacina antipneumocócica muito eficaz, mas ela infelizmente não protege contra todos os tipos da bactéria. Por esse motivo, a vacinação permite prevenir muitos casos, mas não todos (ver o item "Vacinações", na terceira parte).

Como ocorre a meningite?

A meningite bacteriana ocorre porque o microrganismo é "invasor", ou seja, penetra no sangue da criança e dali chega ao cérebro, às membranas que o envolvem (membranas meníngeas) e ao líquido cefalorraquidiano.

As bactérias, tanto o meningococo quanto o pneumococo, vivem na garganta de muitas pessoas, tanto crianças como adultos, sem causar danos. Essas pessoas são chamadas "portadoras", porque, embora não estejam doentes, podem transmitir as bactérias a outras pessoas, isto é, podem contagiar. O contágio é realizado através das secreções da garganta, que são expelidas com a tosse e aspiradas pelas pessoas próximas.

Quando uma criança saudável recebe os microrganismos do portador, estes entram em sua garganta, que tenta se defender para evitar que a bactéria penetre mais no interior de seu organismo. Na maioria dos casos, isso é conseguido porque se criam defesas muito potentes (anticorpos). O microrganismo causa uma doença local, uma faringite, mas não penetra no organismo, não passa para o sangue, que está protegido pelos anticorpos. A criança pode ter faringite e eliminar totalmente a bactéria ou, ainda, controlá-la para que não haja invasão, mas não eliminá-la de todo, ficando como "portadora". Embora ela não sofra da doença, poderá transmiti-la. Em alguns poucos casos, a criança não cria anticorpos suficientes e o microrganismo consegue chegar ao sangue, onde se multiplica com rapidez, atingindo o cérebro e as meninges.

Quem está mais exposto a ter meningite?

A meningite pode ocorrer em qualquer idade, mas as crianças pequenas têm mais probabilidades de manifestar a doença porque seus mecanismos de defesa ainda não estão totalmente desenvolvidos.

Um fator de risco importante é não ter recebido todas as vacinas disponíveis para a prevenção de doenças infecciosas. Embora já tenha sido salientado que as vacinas são incompletas, que não cobrem totalmente todos os tipos de microrganismos, elas cobrem muitos deles. A criança vacinada de forma correta pode ter meningite, mas apresenta menos probabilidades que a criança não vacinada.

Outro fator de risco é a aglomeração, quer dizer, a convivência próxima de muitas pessoas em locais fechados – creches, escolas, internatos, locais de lazer –, que facilita a transmissão dos microrganismos.

Como identificar a meningite?

Na meningite é fundamental a identificação precoce, isto é, o mais rápido possível, sobretudo no caso da meningite bacteriana, que requer tratamento urgente. No entanto, e infelizmente, os sintomas precoces da meningite não se distinguem dos de outras doenças infecciosas, quer dizer, não são específicos e são difíceis de identificar.

A criança com meningite costuma ter febre alta, acima de 39º C e muitas vezes de 40º C, irritabilidade, abatimento, dor de cabeça (mais frequente nas crianças maiores), rejeição da alimentação e vômitos. Porém, esses sintomas são iguais ou muito semelhantes aos de outras infecções: no rim, no intestino ou nos pulmões.

As crianças muito pequenas, que ainda têm a moleira do crânio aberta, podem apresentar abaulamento ou calosidade à palpação dessa espécie de janela do cérebro. As crianças com mais de 2 anos costumam ter rigidez na nuca, isto é, impossibilidade ou dificuldade de flexionar o pescoço porque sentem dor. Também podem ter rigidez ou entorpecimento do tronco, com dificuldade para dobrar as extremidades inferiores. Esses "sinais meníngeos" estão ausentes nas crianças com menos de 2 anos e sobretudo nas com menos de 1 ano.

Os sinais tardios são mais específicos de meningite, mas aparecem quando a infecção já está prejudicando o cérebro. O principal é a diminuição do nível de consciência, ou seja, a criança está apática, como se estivesse ausente, embora possa alternar-se com períodos de grande irritabilidade e com o aparecimento de convulsões.

O que é a septicemia meningocócica?

Há uma forma especialmente grave de meningite bacteriana, a septicemia meningocócica, que aparece repentinamente e pode matar a criança em poucas horas (septicemia fulminante). Na septicemia, os microrganismos se multiplicam com muita rapidez no sangue e invadem todos os órgãos. Ocupam também o cérebro, mas a característica da septicemia meningocócica é a invasão da pele, com o aparecimento de algumas manchas especiais: as petéquias.

As petéquias são manchas redondas, puntiformes, de tamanho variável, desde o de um alfinete até o de uma lentilha, que se caracterizam por não desaparecer com a pressão entre os dedos. Na septicemia meningocócica surgem primeiro umas poucas manchas, muito pequenas, que podem aumentar rapidamente em número e em tamanho no decorrer de poucas horas.

A criança com septicemia meningocócica apresenta febre muito alta, superior a 40º C, fica muito abatida, sonolenta, queixosa e vomita com frequência. Outro sintoma são as petéquias, às vezes acompanhadas de uma vermelhidão da pele (*rash*). Em poucas horas o estado geral pode piorar e a criança pode ficar prostrada, com diminuição do nível de consciência, enquanto o número de petéquias aumenta.

Nessa situação, deve-se recorrer sem demora ao pronto socorro do hospital mais próximo para começar imediatamente o tratamento.

Como confirmar o diagnóstico de meningite?

A suspeita de meningite deve ser confirmada mediante o exame do líquido que envolve e banha as meninges e o cérebro: o líquido cefalorraquidiano.

Para obter o líquido cefalorraquidiano, deve-se realizar uma punção nas costas, na coluna vertebral, na altura da cintura, chamada de "punção lombar". A punção lombar é feita com uma agulha muito fina e é pouco dolorosa, muito menos do que pode parecer. O líquido obtido passa por dois exames: o da determinação de seus componentes, que é feito em pouco tempo, cerca de uma hora, e a cultura, para identificar os microrganismos nele contidos. Este último exame é mais lento, já que necessita no mínimo de dois a três dias para ficar pronto.

A análise dos componentes do líquido cefalorraquidiano indica duas questões essenciais:

a) Se for normal, a criança não tem meningite naquele momento.

b) Se for anormal, suas características orientam sobre se a meningite é provocada por um vírus, e portanto é benigna, ou por uma bactéria, e portanto é perigosa.

Por fim, a cultura do líquido esclarecerá a origem bacteriana ou virótica da meningite. Os exames de sangue ajudam o médico no diagnóstico, mas não são específicos de meningite, como o exame do líquido cefalorraquidiano.

Qual é o tratamento da meningite?

O tratamento de uma meningite viral é muito diferente do tratamento de uma meningite bacteriana.

MENINGITE VIRAL

A criança com meningite causada por vírus sente-se muito mal porque sua cabeça dói, fica entorpecida, tem febre e pode vomitar. Mas a doença tem uma recuperação espontânea, sem deixar nenhuma sequela. O tratamento baseia-se em duas medidas:

a) *Hidratação adequada*: a criança deve tomar líquidos em abundância. Se vomitá-los, corre o risco de se desidratar, por isso algumas vezes a criança deve ser internada para receber por via intravenosa os líquidos de que necessita.
b) *Antitérmicos-analgésicos*: a febre, as dores e mal-estar melhoram com a administração de antitérmicos-analgésicos. Os indicados para crianças são o paracetamol e o ibuprofeno, nas doses recomendadas.

A recuperação completa ocorre aproximadamente ao fim de uma semana e não tem complicações nem sequelas.

MENINGITE BACTERIANA

O tratamento é urgente, devendo ser realizado sempre em um hospital, com antibióticos em doses elevadas administrados por via intravenosa. Algumas vezes é necessária a permanência em unidades de tratamento intensivo.

A meningite bacteriana pode levar à morte ou deixar sequelas após a cura. Para que isso não ocorra, é importante o diagnóstico precoce, o mais rápido possível, para que o tratamento seja iniciado sem demora.

Pode-se prevenir a meningite?

MENINGITES VIRAIS

Não existem vacinas contra os vírus causadores de meningites virais. A prevenção consiste em evitar o contato com as crianças ou com os adultos que sofrem da doença. Se o contato com uma pessoa afetada já tiver ocorrido, não é necessária nenhuma medida especial, uma vez que a doença é benigna e não há outros meios de evitá-la.

MENINGITE BACTERIANA

Uma maneira de prevenir a meningite bacteriana seria evitar o contágio. No entanto, isso não é possível porque os transmissores, os portadores dos microrganismos, estão saudáveis, não têm nenhum sintoma (portadores ocultos).

Pacientes com meningite bacteriana, sobretudo a meningocócica, podem contaminar pessoas saudáveis. Para evitar isso, deve-se ministrar um antibiótico profilático às crianças que dez dias antes de a doença se manifestar estiveram em contato muito próximo com o doente, frequentando a mesma classe da escola ou dormindo no mesmo quarto, por exemplo. Esse tratamento costuma ser de curta duração, somente dois dias.

Além dessas medidas, algumas meningites bacterianas podem ser evitadas mediante a vacinação.

Que vacinas protegem contra a meningite?

Atualmente existem vacinas muito eficazes contra o *Haemophilus influenziae* tipo b (anti-HIB), contra o pneumococo e contra o meningococo tipo C. Todas as crianças devem receber essas vacinas a partir dos 2 meses de idade e completar todas as doses (ver o item "Vacinações", na terceira parte).

Ainda não existem vacinas eficazes contra o meningococo do tipo B e contra algumas cepas do pneumococo.

28

Otite

As otites estão entre os problemas mais frequentes das crianças. A dor de ouvido é uma das dores mais intensas e incômodas que elas podem sentir. Provocam na criança um choro agudo, muito difícil de acalmar e que causa grande inquietação nos familiares.

Neste capítulo, os pais podem conhecer como e por que ocorre a otite, como identificá-la e os cuidados que a criança com otite necessita.

O que é otite externa?

A orelha (antigamente denominada ouvido) tem três partes bem diferentes:

1. *Orelha externa*: é um simples conduto ou canal que vai do pavilhão auditivo até a membrana do tímpano, que a separa da orelha média.

2. *Orelha média*: é uma pequena cavidade, que contém os "ossículos", cuja função é transmitir o som da

membrana timpânica até a orelha interna. A orelha média tem a característica de se comunicar com a cavidade faríngea, a garganta, através de um conduto de aeração, a tuba auditiva, que não deve ficar obstruída para que o ar passe livremente.

3. *Orelha interna*: é a encarregada da audição, a que transmite os sinais auditivos para o cérebro.

A infecção e inflamação do conduto da orelha externa é chamada de "otite externa" e ocorre sobretudo no verão e em crianças maiores. Pode ser causada pela permanência durante muito tempo nas piscinas ou no mar, nadando ou mergulhando. A água amolece a pele do conduto auditivo e facilita a infecção. Essa pele inflamada dói e pode supurar.

A criança com otite externa tem uma sensação de incômodo e coceira na região do pavilhão auditivo, que vai se transformando em dor intensa. Às vezes, uma secreção amarelo-esverdeada sai pelo conduto auditivo. A característica da otite externa é que não ocasiona febre nem sintomas gerais, só o incômodo local mais ou menos intenso. É muito fácil de identificar se existir também o antecedente de banho prolongado.

O tratamento da otite externa consiste em:

a) Administrar um medicamento, de preferência o ibuprofeno e o paracetamol, que diminua a dor e a inflamação e, portanto, o incômodo.

b) Retirar a secreção do conduto auditivo por meio de cotonetes que devem ser embebidos em ácido acético (vinagre) diluído ou em álcool diluído. A limpeza deve ser feita suavemente para não machucar.

c) Tratamentos antibióticos locais, em forma de gotas. A otite externa não costuma necessitar de antibióticos gerais.

Para prevenir a otite externa deve-se proteger as orelhas da água durante o banho, caso ele se prolongue ou seja frequente, e sobretudo em piscinas. Podem ser usadas toucas ou, melhor ainda, protetores auriculares de silicone.

O que é otite média e qual é sua causa?

A otite média é a inflamação da orelha média. O tipo mais frequente é o agudo, causado por uma infecção (otite média aguda ou OMA). Há uma forma crônica mais rara chamada "otite média serosa".

A otite média aguda tem características opostas às da otite externa, já que afeta com mais frequência as crianças pequenas e, além disso, evolui com febre muito alta. Ocorre porque microrganismos (vírus ou bactérias) procedentes da garganta chegam à cavidade da orelha média através do conduto que as liga (tuba auditiva). A otite média costuma aparecer como complicação de um resfriado ou rinofaringite (ver o capítulo 18), já que o acúmulo de mucosidade no nariz e na garganta obstrui a tuba auditiva e os microrganismos sobem até a orelha.

Um fator que predispõe a sofrer de otite média é a obstrução da tuba pelas adenoides grandes, isto é, pela hipertrofia das adenoides ou vegetações (ver o capítulo 15).

As crianças menores estão mais propensas a sofrer de otite média porque:

a) têm maior número de resfriados ou rinofaringites;
b) têm a luz da tuba menor, por isso ela fica obstruída com maior facilidade;
c) com frequência têm as adenoides grandes.

Quais são os sintomas da otite média?

Os sintomas da otite média aguda são diferentes na criança pequena, que não sabe demonstrar que está com dor no ouvido, e na criança maior, que consegue localizar a dor.

A criança pequena com otite tem sintomas gerais, como febre, irritabilidade e choro intenso pela dor, que não consegue indicar. A dor e, portanto, o choro aumentam quando ela engole ou mastiga, por isso a criança rejeita totalmente o alimento. A dor costuma aumentar à noite e o choro pode ser mais intenso.

À medida que a criança se torna maior, as otites causam menos febre e predomina a dor de ouvido e, às vezes, a perda de audição, com o aparecimento de ruídos e zumbidos (surdez transitória). A orelha inflamada pode supurar e uma secreção líquida mucosa ou purulenta, às vezes com sangue, pode ser expelida pelo conduto auditivo e manchar o travesseiro. A presença de supuração significa que a pressão dentro da caixa da orelha média rompeu a membrana do tímpano. Muitas vezes vem acompanhada de desaparecimento da dor, causada em grande parte pela pressão dentro da orelha.

O médico diagnostica a otite pelos sintomas mencionados e pela visualização do tímpano com um aparelho chamado "otoscópio", constituído simplesmente por uma luz e uma lente de aumento.

O que fazer em caso de otite?

Para tratar da otite média, é preciso tomar as seguintes medidas:

a) Administrar um medicamento contra a febre, que ao mesmo tempo aliviará a dor e melhorará o bem-estar da criança. São preferíveis o ibuprofeno e o paracetamol nas doses recomendadas.

b) Tentar desentupir as narinas, desobstruindo-as de secreções. As crianças maiores devem "assoar" o nariz repetidas vezes. Nas crianças menores, pode ser útil fazer a limpeza com lavagens nasais com soro fisiológico (água com sal). Se as narinas estiverem livres de catarro, a tuba auditiva poderá ser desobstruída, um passo prévio necessário para a cura.

c) Consultar o pediatra, que avaliará a necessidade ou não de aplicar tratamento antibiótico. Cerca da metade das otites médias são curadas sem necessidade de antibióticos, mas a decisão de administrá-los cabe apenas ao médico.

O que não deve ser feito em caso de otite?

Em caso de otite média, não se deve:

a) Forçar a criança a comer: é inútil e pode provocar o vômito, que piora a situação. Devem ser oferecidos alimentos leves, como leite, iogurte, sucos, purês etc., para que ela coma o que quiser.

b) Pingar gotas na orelha: as gotas não curam a otite média e dificultam a visualização do tímpano para observar a evolução.

c) Administrar antibióticos sem consultar o pediatra.

Quais são as complicações da otite?

A otite média deve ser controlada pelo pediatra para ter certeza da cura e de que não há complicações.

Uma possível complicação, felizmente rara, é a mastoidite. Consiste na propagação da infecção para as áreas próximas da orelha (mastoide) e se manifesta mediante um abaulamento, vermelhidão e dor na parte posterior do pavilhão auditivo. Deve-se consultar o médico rapidamente porque o problema requer um tratamento enérgico.

Algumas crianças com otite média podem continuar com líquido ou com catarro na orelha durante semanas ou meses (otite média serosa). Deve-se controlar seu desaparecimento para que não fiquem sequelas, como uma perda parcial da audição. As crianças que têm otite de repetição podem precisar de medidas especiais ou da consulta ao otorrinolaringologista.

Pode-se prevenir a otite média?

A otite média não pode ser totalmente prevenida, mas podem ser tomadas medidas para diminuir sua frequência:

a) Alimentar o bebê com leite materno: está demonstrado que o aleitamento, sobretudo se for prolongado até o quinto ou sexto mês de vida, protege contra muitas infecções, entre elas a otite média.

b) Se a criança é amamentada com mamadeira, nunca deve mamar deitada. Deve-se erguer a criança para evitar que, ao engolir, o leite penetre na tuba auditiva.

c) Evitar os resfriados, que são o princípio de muitas otites (ver o capítulo 18).

d) Evitar o contato da criança com a fumaça do cigarro e com os ambientes lotados (ar contaminado).

29

Parasitas intestinais

Os parasitas intestinais, ou seja, a infestação por vermes, constituem um problema frequente nas crianças, mas de fácil solução se os sintomas forem identificados. Os parasitas mais comuns são as giárdias, que afetam crianças pequenas, e os oxiúros, que afetam crianças maiores e adolescentes.

O que são giárdias?

As giárdias (*Giardia lamblia*) são parasitas microscópicos, isto é, impossíveis de ver a olho nu, que provocam crises de diarreia nas crianças pequenas. Esse tipo de parasitose é mais frequente nas crianças com menos de 4 anos, sobretudo entre 1 e 2 anos de idade.

A giardíase manifesta-se com diarreia aguda. As evacuações são líquidas, abundantes, duram vários dias e nunca são acompanhadas de febre. O estado geral da criança é bom e ela nem sequer perde o apetite. Quando a diarreia desaparece, pode haver um período de prisão de ventre que se mantém durante dias ou semanas, seguido de um novo episódio de diarreia. A criança pode apresentar "hiperfagia", ou seja, um aumento da vontade de comer.

Esses episódios repetidos de diarreia às vezes são diagnosticados como "diarreia crônica", com a suspeita de que as crianças sofrem de alguma doença intestinal. Por isso, em todas as diarreias das crianças pequenas que não desaparecem facilmente ou se repetem, deve-se tentar encontrar esse parasita. Não é fácil identificá-lo, tanto por seu tamanho microscópico como porque é eliminado pelas fezes apenas de modo intermitente e em forma de cistos. Às vezes, a identificação exige o recurso a métodos especiais, como obter líquido duodenal para examiná-lo (com cápsulas de Enterotest*).

Há um medicamento antiparasitário específico, bastante eficaz, para o tratamento da giardíase.

O que são oxiúros?

São vermes brancos, visíveis a olho nu, de tamanho entre 0,5 cm e 1 cm, muito móveis e que infestam sobretudo crianças maiores e adolescentes.

Os oxiúros vivem no intestino humano e são transmitidos por meio dos ovos de tamanho microscópico que as fêmeas depositam e que contaminam as mãos, a rou-

---

* Também conhecido como "teste do barbante", consiste em uma cápsula gelatinosa presa a um fio de náilon que é engolida pelo paciente e permite a coleta do conteúdo do duodeno. [N. da E.]

pa e os objetos da pessoa infestada, transmitindo-se aos familiares.

O sintoma mais importante que os oxiúros provocam é o prurido anal, porque com seus movimentos os parasitas provocam coceira e irritam o ânus. A criança com oxiúros fica agitada à noite, coça o ânus e provoca lesões na pele do local (dermatite perianal). O verme também pode causar irritação e coceira na vulva. A menina se coça e provoca uma inflamação (vulvovaginite). Os oxiúros não causam febre, vômitos ou dor abdominal.

A confirmação de que a criança tem oxiúros é feita a partir da visualização dos próprios parasitas a olho nu ou de seus ovos ao microscópio. Os oxiúros saem muitas vezes vivos com as evacuações e podem ser observados facilmente. Se não forem vistos nas fezes, tenta-se coletar os ovos na beira do ânus, usando-se tiras de celofane adesivo que depois serão analisadas ao microscópio.

O tratamento dos oxiúros é muito simples e consiste em administrar um medicamento antiparasitário específico não apenas à criança afetada, mas a toda a família, já que existem muitas possibilidades de que também esteja infestada.

Conselhos práticos em caso de oxiúros

A criança com oxiúros pode ir à escola ou à creche e não é necessário impedir que brinque e tenha contato com outras crianças. Assim que se descobrir a infestação, deve-se lavar com água muito quente tanto a roupa íntima quanto o pijama, as toalhas e a roupa de cama, para eliminar os ovos. A criança não precisa seguir dietas especiais nem é necessária nenhuma outra medida.

A prevenção da oxiuríase é difícil. A medida mais eficaz para impedir sua propagação consiste em uma correta higiene pessoal, lavando frequentemente as mãos com água e sabonete e limpando bem as unhas.

30

Pneumonia

A pneumonia é uma infecção de uma parte dos pulmões (antigamente era chamada de "pulmonia") que pode ser causada tanto por vírus quanto por bactérias. É muito mais frequente nas crianças que nos adultos, porque elas ainda não desenvolveram mecanismos protetores contra os microrganismos.

Qual é a causa da pneumonia?

Há uma quantidade muito grande de microrganismos que invadem o organismo e provocam pneumonia. Alguns, que antes eram frequentes, agora são raros, como é o caso do *Mycobacterium tuberculosis* (bacilo de Koch), responsável pela pneumonia tuberculosa.

Os microrganismos que causam pneumonia com mais frequência são os vírus respiratórios, como o vírus sincicial respiratório (que também ocasiona a bronquiolite; ver o capítulo 17), os vírus *influenzae* e *parainfluenzae* (vírus gripais), o adenovírus e os rinovírus. As pneumonias virais afetam sobretudo as crianças com menos de 2 anos, embora possam ocorrer em qualquer idade.

As pneumonias bacterianas são causadas sobretudo pelo *Streptococcus pneumoniae*, o pneumococo, um microrganismo muito destrutivo e que ataca crianças com mais de 1 ano, sobretudo entre os 2 e os 5 anos. Nas crianças com mais de 5 anos também são frequentes as pneumonias por micoplasma. Atualmente são muito raras as pneumonias causadas por outras bactérias, como o estafilococo e o *Haemophilus influenziae*.

Como se adquire pneumonia?

Os microrganismos que causam a pneumonia, tanto vírus quanto bactérias, ficam habitualmente na garganta e nas secreções rinofaríngeas de muitas pessoas, e podem contagiar os outros porque são expelidos com a tosse e os espirros.

Quando uma criança saudável respira as gotículas com os microrganismos que a pessoa transmissora deixou no ar, estes se instalam em sua faringe e em seu nariz. Eles podem causar uma doença pouco importante, como o resfriado comum (ver o capítulo 18), ou ainda uma faringoamigdalite (ver o capítulo 24). No entanto, algumas vezes o tipo ou a cepa do microrganismo são muito agressivos, ou a criança não consegue se defender bem de seu ataque. Nesses casos, os microrganismos (vírus ou bactérias) passam para o sangue, invadem todo o organismo e se alojam no pulmão, causando infecção e inflamação de uma parte dos tecidos pulmonares.

As crianças mais propensas a sofrer de pneumonia são:

a) as menores de 5 anos e sobretudo menores de 2 anos, porque ainda não desenvolveram totalmente as defesas contra os microrganismos;

b) as debilitadas por qualquer motivo, como uma nutrição inadequada ou uma doença anterior;

c) as que não receberam todas as vacinas de acordo com o calendário de vacinação;

d) as expostas ao frio intenso (diminui as defesas contra os microrganismos), à fumaça do cigarro (irrita as mucosas respiratórias e facilita a invasão dos microrganismos), a locais fechados e lotados (há mais microrganismos no ar), ou as que estão em contato com a tosse de outras pessoas (contágio direto).

Quais são os sintomas da pneumonia?

A pneumonia apresenta-se como complicação de um resfriado ou de outra infecção respiratória, ou manifesta--se repentinamente sem resfriado prévio.

a) *Pneumonia após um resfriado*: a criança tem previamente uma infecção respiratória que dura vários dias, ou das vias aéreas superiores (resfriado comum ou infecção respiratória superior) ou dos brônquios (bronquite, bronquiolite). Depois de alguns dias com catarro, tosse e febre moderada, a criança piora, tem mais tosse e a febre se torna mais alta e persistente. As crianças com menos de 2 anos rejeitam a alimentação, ficam abatidas, se queixam e às vezes respiram com dificuldade. As crianças maiores têm febre muito alta e podem se queixar de dor no tórax ("dor no peito") ou na parte central do abdome.

A pneumonia também pode manifestar-se como uma complicação depois de uma crise asmática (ver o capítulo 16). Nesse caso, quando a criança parece ter melhorado da asma, surge febre alta persistente e a tosse volta ou aumenta.

b) *Pneumonia sem resfriado*: aparece sobretudo em crianças maiores e em adolescentes. A criança perde bruscamente o apetite e começa a ter febre alta e abatimento. Não tem vontade de brincar e só quer ficar deitada. Pode sentir dor em todo o corpo ou queixar-se de dor no abdome ou no tórax. A tosse só aparece um ou dois dias depois do início da febre alta.

Como se diagnostica a pneumonia?

O médico diagnostica a pneumonia pelos sinais que percebe ao examinar a criança, sobretudo pela auscultação. A doença é confirmada com uma radiografia do tórax, que fornece detalhes precisos sobre a localização e a dimensão da pneumonia.

Em muitos casos, são necessários exames de sangue para tentar determinar que tipo de microrganismo é o causador da pneumonia, assim como a repercussão geral da inflamação. Para identificar o microrganismo também podem ser necessárias análises das secreções respiratórias.

Como tratar da pneumonia?

A pneumonia pode ser tratada em casa, com medicamentos administrados pela boca (via oral), nos casos em que:

a) é leve;
b) o estado geral da criança não ficou afetado, ela não vomita e pode tomar os medicamentos.

Por outro lado, muitas crianças precisam ser internadas no hospital para tratar da pneumonia porque:

a) a pneumonia é mais grave e requer medicamentos administrados por via intravenosa;
b) a criança tem dificuldade para respirar ou seu estado geral está afetado e convém que seja observada pela equipe médica.

O tratamento da pneumonia tem dois aspectos: o tratamento geral e o tratamento específico com antibióticos.

O tratamento geral inclui:

a) medicamentos para baixar a febre e diminuir o mal-estar;

b) líquidos em abundância para melhorar a hidratação e ajudar a fluidificar o catarro. Medicamentos contra a tosse são contraindicados, porque esse é o mecanismo mediante o qual a criança expele o catarro.

O tratamento específico das pneumonias causadas por bactérias são os antibióticos, administrados em um período completo de 7 a 14 dias. As pneumonias causadas por vírus não precisam de tratamento antibiótico.

Quais são as complicações da pneumonia?

A grande maioria das pneumonias cura-se sem deixar resquícios ou sequelas. Os sinais de que a pneumonia está em processo de cura são o desaparecimento da febre e a melhora dos outros sintomas. Por outro lado, o aumento da febre ou o surgimento de dificuldade para respirar podem indicar a presença de complicações.

A complicação mais frequente da pneumonia é o derrame pleural, um acúmulo de líquido no espaço existente entre o pulmão e a caixa torácica. O derrame pleural requer a internação da criança no hospital para um tratamento mais enérgico.

Outra possível complicação da pneumonia é a persistência de "atelectasias", uma área do pulmão que fica obstruída por catarro e na qual, portanto, o ar não consegue entrar. As atelectasias costumam desaparecer em poucas semanas, ao ser expelido o catarro. Pode-se apressar a cura com exercícios de fisioterapia respiratória, que consistem em assoprar para encher bexigas de borracha, assim como massagens ou batidas rítmicas no tórax para ajudar a movimentar as secreções.

As crianças menores, as que têm uma doença prévia do pulmão ou do coração, as que nasceram muito prematuras e as que estão muito debilitadas, cuja capacidade de defesa contra as infecções (desnutrição, imunodeficiência etc.) encontra-se reduzida, têm mais probabilidade de apresentar complicações da pneumonia.

O que se deve observar em caso de pneumonia?

Em uma criança com pneumonia devem ser observados os seguintes sintomas, que podem indicar uma piora ou uma complicação:

a) Dificuldade para respirar, que se manifesta por respiração rápida, por aumento dos espaços entre as costelas ou por gemido ao respirar.

b) Dificuldade para se alimentar ou para tomar os medicamentos em virtude de vômitos.

c) Febre alta contínua depois de mais de dois dias do início do tratamento.

Esses sintomas revelam que a criança não melhora ou está piorando e indicam a necessidade de voltar a consultar o pediatra ou de recorrer ao pronto socorro do hospital.

31

Resfriado comum

Os resfriados são as infecções mais frequentes das crianças, sobretudo das menores. São causados por vírus e afetam o nariz e a garganta, isto é, a parte superior das vias respiratórias, motivo pelo qual também são chamados "infecções respiratórias superiores" ou IRS. Os resfriados têm duas características importantes:

a) Como são causados por vírus, não precisam de antibióticos para ser curados, isto é, saram sozinhos.

b) Como os vírus causadores são diferentes e bem numerosos, muitas crianças podem ter um resfriado atrás do outro. Os pais têm a sensação de que o resfriado não cura, mas na realidade trata-se de dois ou três resfriados consecutivos, que duram no total várias semanas.

Por que ocorrem os resfriados?

Os vírus causadores dos resfriados comumente estão presentes nas vias respiratórias. No entanto, as mucosas do nariz e da garganta têm alguns mecanismos de defesa que em geral os mantêm sob controle. Quando essas defesas não são completamente eficazes e falham, o vírus invade a mucosa, causa sua inflamação e origina a doença. Os mecanismos de defesa contra os vírus respiratórios podem falhar nas seguintes circunstâncias:

a) *Se o tipo de vírus for muito agressivo*: são numerosas as famílias e tipos de vírus, e cada uma tem um poder de ataque ou "virulência" diferente. Há epidemias benignas, que contagiam poucas pessoas, e epidemias muito virulentas, que fazem a maioria da população adoecer.

b) *Se a criança não for protegida e ficar exposta a seu contágio*: a criança que frequenta creche, onde há outras crianças contaminadas, ou permanece em locais fechados com muita gente (bares, lojas, restaurantes) está mais em contato com os vírus.

c) *Se a mucosa do nariz e da garganta se alterarem pelo contato com o frio ou com a fumaça do cigarro*: o fato de respirar ar frio diminui a capacidade de defesa dos tecidos, que ficam mais expostos à invasão de microrganismos. A fumaça do cigarro age prejudicando diretamente as mucosas, irritando-as e causando inflamação.

Como identificar o resfriado?

Nos dias anteriores ao início do resfriado, a criança pode ficar um pouco estranha: sente-se mal, espirra e não come ou não dorme bem. Nos dias seguintes, começa com catarro abundante no nariz, que o entopem e a impedem de respirar bem. Ela também tem irritação ou coceira na garganta, febre e mal-estar. A criança perde o apetite, dorme mal e pode aparecer tosse.

O que fazer em caso de resfriado?

Os resfriados não têm um tratamento curativo que os resolva com rapidez. Normalmente curam-se sozinhos em cerca de uma semana, mas algumas medidas podem aliviar as indisposições que ocasionam:

a) *Eliminar o catarro*: na criança maior, pode-se diminuir a obstrução nasal fazendo soltar os mucos. Na criança pequena, devem ser feitas lavagens nasais instilando em suas narinas água com sal (soro fisiológico). É totalmente inócuo e pode ser repetido sempre que necessário, sobretudo antes das mamadas e antes de dormir.

b) *Controlar a febre*: a febre causa muito mal-estar e, quando é alta, deve ser tratada com medicamentos antitérmicos, seja paracetamol, seja ibuprofeno, nas doses recomendadas, nunca maiores.

c) *Tomar líquidos*: mesmo que coma pouco ou recuse o alimento porque perde o apetite, a criança deve tomar líquidos em abundância, já que uma boa hidratação facilita a expulsão do catarro.

Em geral, não são indicados os tratamentos antibióticos, salvo em caso de complicações.

Como podem ser detectadas as complicações?

A maioria dos resfriados cura-se espontaneamente em poucos dias, mas cerca de um quinto pode se complicar. As complicações mais frequentes são as infecções das áreas vizinhas ao sistema respiratório, como os ouvidos (otite), os brônquios (bronquite) e os pulmões (pneumonia). As complicações podem ser detectadas pelo surgimento de sintomas estranhos aos resfriados, como:

a) *Dificuldade para respirar*: se a criança respira muito depressa e ruidosamente e sobretudo se tem tosse contínua, queixa-se (geme) ou suas costelas sobressaem ao respirar, pode estar com uma complicação no peito (bronquite, bronquiolite ou pneumonia; ver os capítulos 17 e 29).

b) *Dor de ouvido*: se sente dor em um ou nos dois ouvidos, a criança pode sofrer de otite (ver o capítulo 30).

c) *Febre alta e abatimento*: se a criança parecia melhor, mas de repente aparece febre alta, estado geral afetado, com abatimento e gemidos, é bem provável que tenha surgido alguma complicação, como pneumonia (ver o capítulo 29).

É possível prevenir os resfriados?

Como são ocasionados por muitos tipos diferentes de vírus, é quase impossível obter uma vacina para prevenir os resfriados. No entanto, é possível tomar uma série de medidas para reduzir a probabilidade de a criança pegar um resfriado:

a) *Não expor a criança ao contágio*: deve-se evitar o contato da criança com pessoas já resfriadas, mesmo que sejam familiares ou amigos. A única maneira de proteger crianças que têm resfriados muito seguidos por contágio nas creches é mantê-las em casa durante um mês.

b) *Evitar o frio e as mudanças de temperatura*: embora seja quase impossível nos meses de inverno, pode-se diminuir o tempo de exposição. Deve-se evitar a passagem brusca de ambientes quentes para ambientes frios.

c) *Evitar a fumaça de cigarro*: a fumaça irrita diretamente as mucosas respiratórias, deixando-as em condições ótimas para o ataque de vírus e a consequente inflamação. Não se deve fumar na presença da criança, nem levá-la a lugares fechados onde se fuma.

32

Varicela

Até pouco tempo atrás ter varicela era quase obrigatório para todas as crianças, assim como o sarampo. Atualmente, quase já não existe sarampo, graças à vacinação maciça. Também vêm diminuindo os casos de varicela, porque cada vez há mais crianças vacinadas e protegidas contra a doença.

O que é varicela e quais são seus sintomas?

A varicela, também conhecida como catapora, é uma infecção ocasionada pelo vírus varicela-zóster, que produz algumas erupções na pele muito características e que consistem em pequenas bolhas arredondadas repletas de líquido (chamadas "vesículas"), que se instalam sobre uma base de pele avermelhada.

As primeiras erupções da varicela aparecem no rosto e no pescoço e se espalham por todo o corpo nos dias consecutivos. As vesículas secam em poucos dias, isto é, o líquido desaparece e fica uma casca. Ao mesmo tempo, surgem outras vesículas novas, de modo que são vistas erupções na pele em diferentes fases de evolução e de diversos tamanhos, parecendo um "céu estrelado". As mais incômodas são as que aparecem em locais sensíveis, como a boca ou a área genital.

A varicela causa sobretudo coceira e irritações na pele. Outros sintomas que pode provocar são: febre, mal-estar, catarro, tosse e perda do apetite.

Como se adquire varicela?

A varicela é adquirida por contágio com alguém afetado, não apenas pelas erupções na pele, mas principalmente pelo catarro e pela saliva, já que o vírus fica nas secreções respiratórias. É uma doença muito contagiosa, que é transmitida até nos dois ou três dias anteriores ao aparecimento das erupções da pele, antes que se saiba que a criança está com catapora. É transmitida durante toda a doença, por isso a criança com varicela não deve ir à escola até pelo menos oito dias depois do início das erupções, isto é, quando elas já estão secas ("fase da casquinha").

Quando uma criança tem varicela, é comum que a transmita a todos os seus colegas de classe, exceto aos que foram vacinados. O período de incubação da doença, ou seja, o tempo que decorre desde o contágio até o aparecimento da varicela no contagiado, é longo, entre duas e três semanas. Desse modo, embora toda a classe seja afetada, nem todos os alunos manifestam a doença ao mesmo tempo.

Qual é o tratamento da varicela?

O tratamento da varicela consiste em minimizar os sintomas até que seja curada. Se houver febre alta, deve-se dar o medicamento antitérmico paracetamol, mas não o ibuprofeno e menos ainda ácido acetilsalicílico.

Na varicela é importante o cuidado da pele para aliviar a coceira e as irritações. O mais eficaz é o banho com água morna, utilizando um gel suave de aveia. Depois de secar a pele com cuidado, pode-se pincelar as vesículas com uma solução antisséptica para evitar que infeccionem. Deve-se, sobretudo, impedir que a criança se coce e possa machucar ainda mais a pele.

Nos casos de varicela grave ou em crianças debilitadas por uma doença prévia, o médico pode avaliar a possibilidade de tratamento com medicamentos antivirais.

Como prevenir a varicela?

Na maioria das vezes, a varicela é uma doença leve, que só causa incômodos e desaparece sem problemas. No entanto, pode ter complicações, que, embora não sejam frequentes, podem ser graves.

A varicela pode predispor a contrair infecções posteriores, porque leva a uma diminuição das defesas contra os microrganismos. Entre as complicações da varicela, as mais comuns são as infecções do ouvido (otite), a pneumonia pós-varicela (ver o capítulo 29) e as infecções da pele. Por essa razão, convém prevenir o contágio evitando o contato com as crianças que apresentam essa doença. A medida mais segura e eficaz de prevenir a varicela é a vacinação.

Atualmente, a vacina contra varicela só é dada de forma obrigatória a crianças em situação de risco (imunodeprimidos), mas é conveniente que todas as crianças sem exceção a recebam, já que assim ficarão protegidas contra a doença por toda a vida.

TERCEIRA PARTE

Guia de saúde da criança

O cuidado com a saúde da criança é uma tarefa contínua que começa com o nascimento do bebê e acaba na adolescência. A criança é um problema complexo e constitui um desafio e uma responsabilidade para os pais. Abrange múltiplos aspectos, diferentes em cada etapa de seu desenvolvimento. O cuidado com a saúde suscita numerosas dúvidas e inquietações que necessitam da orientação do médico especialista, o pediatra. Nesta parte final do livro, estão resumidos os conselhos mais importantes sobre os múltiplos aspectos práticos do cuidado da criança.

Cuidados com o recém-nascido

O nascimento de um bebê constitui um grande acontecimento e uma alegria para toda a família, sobretudo para os pais. No entanto, os recém-nascidos precisam de alguns cuidados especiais, por serem muito vulneráveis.

Uma vez recuperados do parto, a mãe e o recém-nascido passam para o quarto compartilhado, onde é necessário um ambiente de tranquilidade, sem barulho nem luzes fortes que possam assustar o bebê e onde as visitas sejam controladas, pois não é aconselhável a aglomeração de familiares.

Devemos proteger o neonato da possibilidade de contrair infecções. Todas as pessoas que tocarem o bebê deverão antes lavar as mãos com água e sabonete. Deve ser proibida a entrada no quarto de todas as pessoas resfriadas (que estejam com coriza ou tosse).

Entre uma e duas horas após o nascimento, o bebê normal costuma ficar acordado e atento. Esses momentos devem ser aproveitados para iniciar o contato físico e afetivo. A mãe tem a enorme satisfação de lhe fazer os primeiros carinhos, falar suavemente com ele e começar a amamentá-lo. Inicia-se assim o vínculo mãe-filho, que será permanente.

O comportamento do recém-nascido

O recém-nascido passa a maior parte do tempo dormindo e só acorda se tiver fome ou estiver incomodado. O choro nessa idade raramente é sinal de doença e costuma ser o indício de que o bebê está com calor, precisa trocar a fralda ou quer se alimentar.

Os espirros são normais e não são decorrentes de resfriado: o bebê expele desse modo o resto do líquido do parto que permanece em seu nariz. Também é normal e frequente o soluço.

Muitas vezes o neonato realiza sua primeira micção e sua primeira evacuação no momento do parto. É anormal que ele não evacue nenhuma vez nas primeiras 24 horas de vida. As fezes são de cor verde-escura, denominadas "mecônio", mas em poucos dias clareiam e adquirem uma cor amarelada definitiva. Os bebês amamentados ao peito evacuam com mais frequência que os alimentados com mamadeira e suas fezes são mais líquidas.

É preferível evitar a chupeta durante as primeiras três semanas de vida, por seus efeitos negativos no aleitamento materno. Depois desse período, a chupeta é aconselhável, porque acalma o bebê e tem um certo efeito protetor contra a morte súbita do lactente.

Cuidados com o coto umbilical

O coto umbilical, a pequena porção do cordão umbilical que fica ligada ao abdome do recém-nascido, deve ser mantido limpo e seco para evitar que infeccione. Todo o coto, e sobretudo a região em que se insere na pele do abdome, deve ser limpo três vezes ao dia com uma gaze bem embebida em álcool. Depois, deve ser coberto com uma gaze esterilizada seca, que será trocada a cada limpeza. É preciso continuar com esse cuidado não apenas até o coto cair, mas também até que a cicatriz feche.

O coto umbilical infeccionado apresenta secreção, não seca, fica avermelhado e cheira mal. O coto limpo não tem secreção.

Banho e higiene

O neonato e o lactente pequeno são muito sensíveis às infecções. As mãos dos adultos são o veículo de muitas infecções das crianças. Antes de tocar o bebê, é preciso lavar as mãos com água e sabonete. Deve-se evitar espirrar, tossir ou fumar no quarto da criança.

O banho deve ser diário, mesmo que o coto umbilical ainda não tenha caído, de preferência de tarde-noite. A água deve ser morna, a uma temperatura de 34-35° C. O banho não deve durar mais de quinze minutos. Devem ser usados sabonetes suaves, neutros, especiais para bebês. A secagem da pele deve ser feita com toalhas de algodão e sem esfregar para não irritá-la.

Cuidados com a pele do bebê

A pele do bebê é muito sensível e se altera com frequência. É coberta por uma camada ácida que a defende de possíveis agressões. É preciso preservar as características da pele e ao mesmo tempo fazer uma higiene adequada com o banho diário. Banhos muito frequentes e o uso de produtos como cosméticos, condicionadores etc. não são aconselháveis. Além disso, não devem ser aplicados produtos com ureia, ácido salicílico, neomicina e ácido bórico. Se a pele estiver seca ou descamada, o melhor é usar um creme hidratante com ingredientes naturais ou ainda um óleo vegetal.

A região da fralda é especialmente vulnerável porque fica exposta a uma irritação constante. Recomenda-se evitar o contato prolongado das fezes com a pele, mediante trocas frequentes de fralda. Deve-se lavar a área com água e aplicar depois um creme que sirva de barreira e proteja a pele. Não deve ser usado talco.

As unhas podem ser cortadas desde os primeiros dias de vida, com cuidado, sem apará-las muito e sempre cortando-as retas, em especial as dos dedos dos pés.

As colônias devem ser de baixa concentração de álcool para evitar irritações. São desaconselhadas maquiagens, tatuagens etc.

Quarto

A temperatura ambiente deve ser o mais constante possível. Durante os primeiros dias de vida, quando o neonato ainda está se adaptando à vida extrauterina, recomenda-se que o quarto esteja a 22-24° C. Passado esse período de adaptação, a temperatura ambiente deve ser de 21-22° C para evitar o superaquecimento do bebê. A roupa deve ser folgada, confortável, que não aperte e de fibras naturais, não sintética. Deve-se evitar o excesso de roupas: o bebê deve vestir o mesmo número de peças de roupa que o restante da família. Em virtude do perigo de acidentes, convém evitar laços, cordões, cintas, correntes, botões e alfinetes de fralda.

O quarto deve ser limpo e arejado todo dia, na ausência do bebê. Deve ficar livre de fatores que contaminam, como poeira ou fumaça de cigarro.

De preferência, o berço não deve ser cercado de grades, para evitar lesões se o bebê enfiar alguma parte do corpo entre elas. O colchão deve ser duro e não se deve usar travesseiros ou almofadas para evitar o sufocamento acidental.

Posição para dormir

O bebê deve dormir de barriga para cima (decúbito dorsal) ou ligeiramente de lado, nunca de barriga para baixo. Sempre deve dormir em seu berço e nunca na cama dos pais ou dos irmãos.

À noite, a casa deve permanecer em silêncio para não perturbar o sono. Deve-se evitar embalar o bebê, niná-lo ou pegá-lo no colo para fazê-lo dormir. É preferível que desde os primeiros meses de vida o bebê adormeça sozinho e no berço.

Aleitamento materno, o melhor alimento para o bebê

O leite materno é o melhor alimento que pode ser dado aos recém-nascidos e lactentes porque fornece todos os nutrientes necessários, além de protegê-los de numerosas doenças (infecciosas e alérgicas). Também é benéfico para a saúde da mãe e facilita o vínculo afetivo com a criança.

Os benefícios do aleitamento materno são evidentes não apenas durante o período de amamentação, mas também na vida adulta. Os benefícios são maiores quanto mais prolongado o aleitamento.

O aleitamento materno deve começar o mais cedo possível, assim que a mãe e o recém-nascido se recuperarem do parto. A produção de leite ("subida do leite") só se inicia com o estímulo da sucção. Nos primeiros dias, ele é produzido em quantidade escassa, porém é mais espesso (colostro), sendo suficiente para as necessidades do bebê.

O aleitamento materno acontece conforme a procura, ou seja, sem horários fixos, aproximadamente a cada duas horas durante os primeiros dias e semanas. A partir de um mês de idade, o bebê costuma mamar a cada três horas. Ele deve mamar nos dois peitos, mas deve-se esvaziar bem o primeiro para estimular a produção de leite. Na mamada seguinte, inicia-se pelo outro peito, alternando a ordem.

Benefícios do leite materno para a criança

O aleitamento materno tem múltiplas vantagens para o bebê, como um maior vínculo afetivo com a mãe, que o ajuda a desenvolver uma personalidade mais segura. As crianças amamentadas no peito têm um menor risco de morte súbita do lactente e um melhor desenvolvimento orofacial e mandibular. Mas as grandes vantagens do aleitamento materno são um melhor fornecimento de nutrientes e uma proteção contra numerosas doenças.

1. *Melhor fornecimento de nutrientes*

O leite materno contém a melhor proporção de nutrientes, isto é, as quantidades apropriadas de proteínas, gorduras, carboidratos, minerais e vitaminas para o crescimento e o desenvolvimento adequado do bebê.

2. *Proteção contra infecções*

O lactente é muito propenso a sofrer infecções porque suas defesas contra os microrganismos estão pouco desenvolvidas. O leite materno contém fatores de defesa anti-infecciosos, como os anticorpos, que protegem o bebê amamentado de múltiplas doenças (diarreias, otite, pneumonia, meningite etc.). Essa proteção é tanto maior quanto mais tempo durar o aleitamento materno.

3. *Proteção contra doenças crônicas*

O aleitamento materno, sobretudo se for exclusivo e prolongado, protege contra numerosas doenças crônicas da criança e do adulto, como alergias, obesidade, hipertensão arterial etc., e até contra alguns tipos de câncer.

4. *Melhor desenvolvimento cerebral*

Os bebês amamentados no peito têm um melhor desenvolvimento psicomotor, social e intelectual durante as fases pré-escolar e escolar.

Benefícios do aleitamento materno para a mãe

As mulheres que amamentam têm uma recuperação do parto mais rápida, com menos complicações. Elas também têm benefícios a longo prazo, como uma melhor mineralização dos ossos, com um menor risco de sofrer osteoporose e fraturas ósseas na fase pós-menopáusica. Também têm menor risco de sofrer de câncer de mama e de ovário.

O aleitamento materno tem ainda uma vantagem financeira pela economia que implica não ter que comprar as fórmulas infantis apropriadas para a mamadeira do bebê. Significa um grande benefício para toda a sociedade porque envolve um menor número de doenças dos bebês e, portanto, diminui o custo com medicamentos e internações hospitalares.

Tanto a Organização Mundial da Saúde (OMS) quanto os órgãos de saúde e as sociedades de pediatria recomendam o aleitamento materno exclusivo durante os primeiros seis meses de vida. Nessa idade devem ser introduzidos outros alimentos, papinhas, mas deve-se continuar com o peito durante muito mais tempo, até quando a mãe e a criança desejarem.

Qual deve ser a alimentação durante o primeiro ano?

Durante os cinco ou seis primeiros meses de vida o único alimento que o bebê deve tomar é o leite materno. Se o aleitamento materno não for possível, deve-se dar a ele um leite de fórmula adaptada para lactentes (tipo 1 ou primeiro semestre).

A partir do quinto ou do sexto mês, além do leite, deve-se iniciar a alimentação complementar, as papinhas. A introdução dos novos alimentos deve ser progressiva e é preciso começar pela papinha de cereais ou pela de frutas.

A papinha de cereais deve ser "sem glúten", isto é, sem trigo, centeio, aveia ou cevada. É composta de arroz e milho, já pré-cozidos. Para prepará-la, acrescentam-se os cereais instantâneos ao leite que a criança toma, até que adquiram consistência de papinha para dar com a colherzinha.

A papinha de frutas deve ser natural; amassam-se e misturam-se pedaços de frutas bem maduras como banana, maçã, pera e laranja.

Pouco depois dos 6 meses de idade, deve-se começar com a sopinha de legumes com carne. É composta de um purê de verduras bem cozidas e trituradas (batata e cenoura, com um pouco de tomate, salsinha etc.). Ao purê de legumes acrescentam-se de 40 a 50 gramas de carne magra, de preferência de frango, bem cozida e triturada.

Algumas crianças rejeitam inicialmente os novos sabores, sobretudo as frutas e os legumes. Não se deve forçá-las a comer, e sim insistir durante muitos dias até que os aceitem.

Aos 7 meses, o lactente come três papinhas diárias, uma de cereais sem glúten, uma de frutas e uma de legumes com frango. O restante da alimentação continua sendo leite, seja materno, seja de fórmula infantil apropriada para mamadeira, agora do tipo 2, segundo semestre.

Passados os 7 meses de idade, já podem ser introduzidos os cereais com glúten, isto é, papinhas de multicereais com trigo.

A partir dos 8 ou 9 meses de idade, são incluídos dois novos alimentos: o peixe e a gema de ovo. O peixe sem gordura, bem cozido e amassado, pode substituir o frango da sopinha de legumes alguns dias, duas vezes na semana. A gema de ovo é dada da mesma forma, duas meias gemas na semana. Depois do nono mês de vida, também pode ser dado iogurte natural. Mesmo com 1 ano de idade, o bebê não deve comer o ovo inteiro, com a clara. O leite de vaca, integral ou desnatado, é proibido até que a criança tenha 1 ano. Até lá, deve tomar ou leite materno ou a fórmula infantil apropriada.

A partir de 1 ano de vida, a criança pode começar uma alimentação mais variada e sentar-se à mesa com o restante da família.

A alimentação da criança pré-escolar e da escolar

A alimentação da criança deve ser suficiente para suprir todas as suas necessidades, equilibrada nos nutrientes de que ela precisa e saudável. Alimentação saudável é a que garante um crescimento e desenvolvimento normais e também promove hábitos alimentares que favoreçam a saúde e retardam as doenças degenerativas do adulto (aterosclerose, obesidade, hipertensão arterial etc.).

A alimentação saudável é expressa graficamente na chamada "pirâmide dos alimentos". Nessa pirâmide os alimentos colocados na base – cereais e derivados (pão, arroz, macarrão, massas etc.) – são os que devem ser consumidos diariamente em maior quantidade. O primeiro patamar da pirâmide é ocupado por verduras, hortaliças e frutas, que também devem ser consumidas todos os dias em grande quantidade, embora um pouco menos que os cereais. O patamar seguinte é ocupado por alimentos que devem ser consumidos em menor quantidade: leite e derivados, legumes, carnes, peixes e ovos. O último patamar é ocupado por alimentos que devem ser consumidos em muito pouca quantidade, como as gorduras e os óleos.

Os cereais contêm sobretudo carboidratos complexos (amidos), que são a fonte de energia necessária para o funcionamento do corpo. Também têm proteínas, vitaminas e fibra. Devem estar presentes em todas as refeições da criança, embora seja preciso evitar tanto os pães e bolos industrializados quanto os produtos de confeitaria.

As verduras e hortaliças fornecem fibras vegetais, necessárias para o trânsito intestinal e para evitar a prisão de ventre. Além disso, têm vitaminas, minerais e oligoelementos. Podem ser consumidas cruas, em salada, ou cozidas. Não são os alimentos preferidos pelas crianças, mas são imprescindíveis.

As frutas devem ser frescas, maduras, e é melhor consumi-las inteiras ou amassadas que em forma de suco. Fornecem os mesmos nutrientes que as hortaliças e verduras. Devem ser consumidas como sobremesa depois de cada refeição.

O leite e seus derivados (iogurte, queijo) são alimentos essenciais durante toda a infância. O leite é um alimento muito completo, que fornece quase todos os nutrientes, mas em especial cálcio para mineralizar os ossos. A criança normal deve tomar leite integral de vaca, no mínimo de 500 a 600 ml por dia, complementado com algum derivado. São preferíveis o iogurte e o queijo fresco. Devem ser evitados os queijos prato e parmesão, que são excessivamente gordurosos. Os leites vegetais são muito pobres em nutrientes e não têm cálcio, por isso não são indicados para a criança normal.

As leguminosas (lentilha, grão-de-bico, feijão etc.) são alimentos excelentes, muito completos em todos os nutrientes. Não devem faltar na dieta da criança, que precisa comer no mínimo de três a quatro porções semanais.

Os ovos são bons alimentos, mas não devem ser consumidos em excesso. Têm ácidos graxos favoráveis à saúde, porém colesterol demais. Recomenda-se um consumo de dois ovos por semana, mas não passar de três.

As carnes fornecem sobretudo proteínas e ferro. Devem ser magras, sem gordura, por isso são preferíveis as de aves (frango, peru) e a vitela. Deve-se evitar a carne de porco e de carneiro. Não são aconselhados os embutidos, as salsichas, o *bacon* e a gordura da carne. O presunto cozido magro é melhor que o presunto cru defumado.

Os peixes são excelentes alimentos, ricos em proteínas, em ácidos graxos benéficos e em oligoelementos.

Não costumam ser os pratos favoritos das crianças, mas são necessários em uma alimentação saudável.

Há alimentos que, por diferentes razões, devem ser evitados na medida do possível:

a) Bolos, tortas e guloseimas, porque têm excesso de açúcares simples e de gorduras saturadas.

b) Refrigerantes de cola, refrescos adoçados e chocolate em grande quantidade, porque têm excesso de açúcares simples.

c) Frituras, molhos, comidas picantes e azeitonas, porque são indigestos.

d) O excesso de sal, porque favorece a hipertensão arterial.

Os frutos secos (amendoins, amêndoas etc.) não devem ser dados a crianças com menos de 3 anos de idade, pois elas podem se engasgar. As bebidas alcoólicas são totalmente proibidas para as crianças.

Cardápios saudáveis para crianças e adolescentes

É imprescindível começar o dia com um bom café da manhã composto por leite de vaca, cereais (pão, bolachas, torradas com geleia, granola ou cereais matinais) e frutas frescas. Convém evitar os pães e bolos industrializados, a manteiga e a margarina.

No almoço, sempre deve haver um primeiro prato com cereais ou com leguminosas: arroz, aletria, macarrão, lentilha, feijão, grão-de-bico, batata etc. O segundo prato deve consistir de carne magra (frango, vitela) ou peixe, acompanhados de salada ou de verduras. A sobremesa sempre será fruta fresca da época. Convém evitar as tortas, os doces, os pudins e os sorvetes.

O lanche de antes do almoço e da tarde deve incluir sempre leite ou derivados (iogurte, queijo fresco). Será acompanhado de fruta, pão ou cereais. Evitar embutidos e salsichas.

O jantar deve constar de um primeiro prato de salada (temperada com azeite de oliva), verduras com batata (cozidas), legumes ou massas. O segundo prato será composto de peixe a escolher (se foi consumida carne no almoço) ou carne magra (se foi consumido peixe no almoço), acompanhado de salada, verdura ou batata cozida. Dois dias na semana o segundo prato será ovo em vez de carne ou peixe. A sobremesa sempre será fruta fresca, a escolher.

Na alimentação saudável, deve-se evitar:

a) frituras, dando preferência a pratos cozidos ou assados;

b) gorduras animais: *bacon*, embutidos, salsichas, creme de leite etc.;

c) alimentos açucarados: doces, guloseimas, bolos, refrigerantes, refrescos, pães e tortas doces.

Por outro lado, deve-se favorecer o consumo de alimentos vegetais naturais, assim como de leite e de peixe. Os óleos saudáveis são os de oliva, milho e soja, ao passo que o azeite de dendê deve ser evitado. A melhor bebida para a criança é a água.

Prevenção da obesidade

O sobrepeso e a obesidade, tanto do adulto como da criança, constituem atualmente dois dos maiores problemas de saúde pública dos países desenvolvidos. Os adultos obesos têm menor expectativa de vida porque a obesidade predispõe a muitas doenças degenerativas, como a aterosclerose, que envolve o perigo de infarto do miocárdio, acidente vascular cerebral (AVC) etc.

O sobrepeso e a obesidade são distúrbios crônicos, que demoram anos para se estabelecer e que muitas vezes começam na infância. Atualmente o número de crianças e adolescentes com excesso de peso é muito maior que há uma década. Com frequência, a obesidade da criança estende-se à vida adulta. Embora não estejam totalmente identificados os mecanismos pelos quais a obesidade acontece, são conhecidos vários fatos fundamentais:

a) A obesidade sempre é consequência do consumo excessivo de calorias em relação ao que se gasta.

b) O processo de acúmulo de gordura e de excesso de peso sempre é lento e progressivo, dura anos.

c) A obesidade tende a se perpetuar, isto é, uma vez estabelecida, criam-se mecanismos corporais que dificultam o retorno a um peso normal.

d) Para lutar contra a obesidade é melhor tomar medidas antes que ela aconteça, modificando os fatores que a favorecem.

Em vários casos, a obesidade é consequência de uma predisposição genética, impossível de modificar. No entanto, podem ser corrigidos os dois fatores externos ou ambientais necessários para que ela ocorra: os hábitos alimentares e o estilo de vida.

Os hábitos alimentares que favorecem a obesidade são o consumo de alimentos que têm alto conteúdo calórico, mas pouco volume, isto é, saciam pouco, por isso tendem a ser consumidos em grandes quantidades:

a) bolos, doces, tortas, sorvetes e pães e bolos industrializados;
b) batatas fritas;
c) embutidos, salsichas, hambúrgueres;
d) creme de leite, manteiga, queijos gordurosos;
e) refrigerantes e líquidos açucarados.

O consumo desses alimentos quase sempre é combinado com um escasso consumo de verduras, hortaliças e frutas frescas. Essa combinação constitui uma dieta inadequada, que pouco a pouco leva ao ganho excessivo de peso.

O estilo de vida que favorece o sobrepeso e a obesidade é o sedentarismo, caracterizado por pouco exercício físico. Permanecer a maior parte do dia sentado, combinado com a falta da prática regular de um esporte ocasionam um baixo gasto calórico. Se o consumo de calorias é maior que o gasto, o restante de energia se acumula no corpo em forma de gordura.

As mudanças sociais e econômicas nas sociedades desenvolvidas têm contribuído para que as crianças fiquem sentadas muitas horas na classe, diante da televisão, do computador ou do *videogame*. Na atividade habitual, andam de carro, de forma passiva, e praticam pouco esporte.

Para prevenir a obesidade, devemos modificar desde os primeiros anos de vida estes dois fatores: os hábitos alimentares incorretos e o sedentarismo. Os hábitos alimentares iniciam-se muito cedo, por volta dos 3-4 anos, e se consolidam nos anos seguintes. Os costumes adquiridos nessa fase inicial, tanto no consumo de alimentos quanto no modo de vida, serão difíceis de mudar na criança maior.

Os pais devem estimular as crianças a ter uma alimentação variada e que inclua todos os produtos vegetais. Deve-se evitar que desde os primeiros anos de vida elas adquiram hábitos que favoreçam a obesidade, como:

a) Comer de modo exagerado durante muito tempo.

b) Ingerir alimentos com excesso de açúcares simples e gorduras animais.

c) Comer pouca quantidade de verduras, hortaliças, legumes e frutas.

Para mudar os hábitos sedentários é necessário aumentar a atividade física regular na vida diária (fazer caminhadas, passeios, subir escadas etc.) e diminuir as horas diante da televisão ou do computador, substituindo-as pela prática habitual de algum esporte. É preciso incentivar e estimular as crianças a praticar qualquer tipo de atividade física em seu tempo livre. A criança deve escolher o esporte de que mais gosta ou ao qual melhor se adaptam suas habilidades ou preferências.

Qual é o desenvolvimento motor normal?

O desenvolvimento das habilidades motoras, tanto a motricidade grossa do tronco e extremidades quanto a motricidade fina das mãos, é um processo lento e progressivo desde o momento do nascimento. Os marcos ou acontecimentos mais relevantes são expostos a seguir.

Aos 2 meses de idade

Estando na posição de barriga para baixo, o bebê de 2 meses de idade consegue levantar a cabeça e mantê-la levantada durante alguns poucos segundos, embora oscilante. Também começa a seguir com a vista os objetos próximos que se movimentam, mexendo a cabeça de um lado para outro.

Aos 3 meses de idade

Agora o bebê tem mais força na cabeça, ergue-a e a mantém durante mais tempo. Se um objeto é colocado em sua mão, segura-o com força e tenta levá-lo à boca.

Aos 4 MESES DE IDADE

Deitado de barriga para baixo, gosta de se balançar de um lado para outro apoiado nos braços. Já sustenta completamente a cabeça. Continua melhorando na tentativa de preensão de objetos, mas ainda não sabe pegá-los.

Aos 6 MESES DE IDADE

Começa a ficar sentado, mas só por alguns momentos, já que se balança e cai. Na posição de barriga para baixo consegue apoiar as mãos e levantar um pouco o tórax, e é capaz de se virar.

Aos 8 MESES DE IDADE

Estando deitado de barriga para cima consegue segurar nos dedos dos pais e fazer força para ficar sentado. Ainda não consegue permanecer sentado por muito tempo sem perder o equilíbrio.

Aos 9 MESES DE IDADE

A criança já não cai quando está na posição sentada, mas suas costas ainda não ficam retas, endireitadas, e sim arredondadas. Deitada de bruços, se apoia nos ante-

braços e no abdome e tenta se arrastar, isto é, deslocar-
-se deitada.

AOS 10 MESES DE IDADE

Senta-se sozinho, ou seja, é capaz de passar da posição deitado de barriga para baixo à sentado. Continua melhorando a preensão com as mãos e agora já consegue pegar pequenos objetos usando os dedos polegar e indicador como pinça. Gosta de derrubar as coisas que tem na mão para brincar.

AOS 11 MESES DE IDADE

Começa a ficar de pé, apoiado com as mãos segurando em grades de proteção, mesmo que logo se canse e caia. Começa a engatinhar, isto é, a se deslocar de quatro pés, apoiando-se nas mãos e nos joelhos, embora o engatinhar ainda seja irregular.

AOS 12 MESES DE IDADE

Gosta de engatinhar, deslocando-se pelo chão para pegar os brinquedos. Já fica mais à vontade na posição de pé, segurando em apoios ou nas mãos dos adultos. Já é capaz de dar os primeiros passos, bastante inseguros e sempre se segurando.

Aos 18 meses de idade

Com 1 ano e meio de idade, a criança é capaz de subir e descer escadas segurando na mão de um adulto. Tem interesse em outras crianças, em pegar todas as coisas e em brincar com os adultos. Já anda sozinha, mas insegura e com grande risco de cair.

Aos 2 anos

Continuou seu progresso no caminhar e já gosta de correr e subir nas coisas. Tem mais habilidade com as mãos e gosta de arrumar as coisas, empilhar brinquedos e bater para fazer barulho.

Aos 2 anos e meio

É capaz de pedalar um triciclo ou empurrá-lo com os pés. Também folheia as páginas de um livro e mostra os objetos ilustrados.

Aos 3 anos

É capaz de subir escadas usando as duas pernas de forma alternada. Gosta de mostrar livros e desenhos, assim como de brincar com a areia da praia.

Desenvolvimento da linguagem

Os marcos da comunicação da criança se desenvolvem em uma sequência contínua e progressiva. Nem todas as crianças desenvolvem a linguagem no mesmo ritmo. Como todo o desenvolvimento psicomotor, depende de muitos fatores, dos quais o mais importante é o estímulo familiar.

Os padrões de desenvolvimento da linguagem têm duas etapas: o primeiro ano de vida ou etapa pré-linguística, na qual a criança realmente não fala, mas produz sons imitativos, e a partir de 1 ano de idade, quando a criança começa a emitir palavras para reconhecer as pessoas ou as coisas (etapa linguística).

A LINGUAGEM DURANTE O PRIMEIRO ANO

Entre o nascimento e os 3 meses de idade, o bebê grita e chora quando tem fome, está molhado, está cansado ou quer dormir. Quando está contente, produz sons como de gorjeio ("gorgorejos").

Aos 3 meses de idade já começa a sorrir para os rostos que se aproximam dele e fica atento ou contente ao ouvir a voz de sua mãe.

Aos 6 meses de idade produz sons de balbucio. Ri, sorri e às vezes chia com prazer. Grita, mas pode ser consolado por sua mãe.

Entre os 6 e os 12 meses, balbucia muito mais e fala dissílabos como "ma-ma", "pa-pa", "da-da".

Por volta dos 10 meses, gesticula quando estabelece contato e conhece o significado de algumas palavras, mesmo que não consiga pronunciá-las.

Etapa linguística

Começa com 1 ano de idade, quando o bebê emite as primeiras palavras sabendo o que significam, embora às vezes possa usar a mesma palavra para designar várias coisas diferentes. Por volta dos 16 meses já consegue pronunciar umas dez palavras.

A partir de 1 ano e meio de idade (18 meses), começa a juntar duas palavras diferentes, formando suas primeiras frases. Obedece a ordens e começa a aprender novas palavras, umas duas por semana, de modo que aos 2 anos seu vocabulário já supera as 150 palavras.

Entre os 2 e os 3 anos continua adquirindo vocabulário e usa com frequência o negativo "Não". Começa a fazer perguntas do tipo: "Onde, mamãe?"

Entre os 3 e os 4 anos começa a imitar a linguagem dos adultos. Elabora frases mais longas, já com quatro ou cinco palavras. Seu vocabulário se tornou bem amplo e conhece partes do corpo, nomes de animais etc.

Depois dos 4 anos seu vocabulário é extenso, diz frases complexas e diverte-se falando com todos.

Qual é o desenvolvimento social normal?

O desenvolvimento social depende mais do ambiente de estímulo e amor familiar que o desenvolvimento motor e o desenvolvimento da linguagem. Um ambiente desfavorável ou a falta de atenção e de estímulos pode atrasar a criança de modo considerável. Os marcos ou acontecimentos mais importantes são:

a) Aos 3 meses sorri para a mãe e para os rostos que se aproximam dela, e segue com a vista um objeto próximo quando se mexe.

b) Aos 4 meses ri e pode direcionar o olhar para o local onde ouve uma voz.

c) Aos 6 meses reconhece os estranhos e os diferencia da família.

d) Aos 7 meses mostra interesse pelos ruídos diferentes.

e) Aos 9 meses gosta de fazer gestos.

f) Aos 14 meses pode responder e aparecer quando é chamada.

g) Aos 18 meses imita os adultos e adora as brincadeiras familiares.

h) Aos 2 anos gosta de brincar com outras crianças.

Socializar e educar

A criança desenvolve sua personalidade quando estabelece relações e vínculos com outras pessoas de seu ambiente, além dos pais e familiares próximos. O fenômeno do início da vida social, a socialização, está ligado a sua maturidade psicomotora. Inicia-se aos 2 ou 3 anos com o desenvolvimento da linguagem e das brincadeiras com outras crianças.

O contato com um círculo mais amplo, sejam colegas de escola, sejam amigos de brincadeiras no parque, inicia a convivência da criança e vai criando os limites do que é dela e do que é dos outros. Pode compartilhar e trocar, mas também podem começar os conflitos se sentir que os outros ultrapassam os limites do que considera seu. É o início das discussões e das brigas, algumas situações que os pais devem ensiná-la a enfrentar de maneira conciliadora e pacífica. A criança deve ser educada para se controlar a todo o momento e evitar as brigas, os insultos, as desobediências e, em geral, qualquer tipo de agressividade ou de violência.

Deve-se começar a ensinar as regras para uma boa educação nas relações com os demais desde muito cedo, nos primeiros anos de vida. As principais são:

1. Ensinar valores como o amor, a amizade e a solidariedade entre as pessoas.
2. Dar exemplo pessoal e familiar. A criança imita o comportamento dos adultos que a cercam, em especial dos pais, por isso é essencial que as relações entre adultos sejam pacíficas, educadas e cordiais.
3. A autoridade dos pais deve ser exercida estabelecendo algumas regras claras, coerentes e adequadas à idade e ao desenvolvimento da criança para que sejam perfeitamente compreensíveis.

4. O cumprimento das regras deve ser incentivado, valorizado e premiado com atenções e carinho.

5. É preciso dar o exemplo e ensinar a criança a se desculpar quando se enganar.

6. A conduta inadequada ou o não cumprimento da regra deve ser corrigido de modo firme, mas carinhoso. Nunca se deve gritar com uma criança e menos ainda bater nela. O castigo físico deve ser totalmente evitado.

De que sapatos a criança precisa?

Em cada idade é necessário um calçado com algumas características diferentes.

O LACTENTE

A criança que não anda não precisa de sapatos. Necessita apenas de calor nos pés, que se consegue com meias grossas ou com os chamados "sapatinhos de tricô ou crochê". Se for usado algum tipo de sapato, deve ser totalmente macio e flexível, para que não pressione de jeito nenhum os pés.

QUANDO COMEÇA A ANDAR

O melhor sapato é o mais simples, confortável e flexível. Não são recomendadas as botas, que dificultam os movimentos. É normal que a criança ande na ponta dos pés durante os primeiros meses. A marcha na ponta dos pés desaparece por volta de um ano e meio de idade, quando a criança anda se apoiando alternadamente no calcanhar e nos dedos.

A CRIANÇA

Os sapatos devem ser sobretudo confortáveis e os pés devem caber com folga. Os materiais devem ser transpiráveis, as solas flexíveis e o interior liso. O salto não deve ser muito alto, aproximadamente:

a) Até os 3 anos, de menos de 1 cm.
b) De 3 a 6 anos, de 1 cm.
c) A partir dos 6 anos, por volta de 2 cm.

As crianças e a televisão

As pesquisas demonstram que as crianças de todas as idades passam grande parte do tempo vendo televisão. Junto com os *videogames*, são as atividades favoritas, as que ocupam a maior parte de seu tempo livre. Os horários preferidos são os da tarde, ao voltar da escola, mas muitas crianças também veem pela manhã e à noite.

A televisão, como todas as novas tecnologias, tem um aspecto educacional benéfico: pode ser um veículo de aprendizagem que permite o acesso a novos conhecimentos e a novas culturas. No entanto, na maioria das vezes, os efeitos negativos superam os positivos. A criança é muito vulnerável às imagens, fica impressionada e acha que o que aparece na televisão é real. Como se impressiona, tenta imitar esse mundo, que comumente está deturpado. Se os conteúdos televisivos não forem adequados e apresentarem altas doses de violência, falta de solidariedade e sexo, as consequências serão muito negativas para a educação da criança.

A violência, habitual na televisão, cria tolerância e insensibilidade crescentes, transmite modelos totalmente errôneos e estimula condutas agressivas. Está demonstrado que assistir frequentemente a programas violentos cria na criança padrões de conduta alterados e antissociais.

Ficar tempo demais vendo televisão tem, além disso, os seguintes efeitos negativos na criança:

a) *Favorece o sedentarismo*: a televisão e os *videogames* são atividades passivas, nas quais quase não há gasto de energia. Dedicar tempo demais a elas implica deixar de praticar algum esporte ou atividades físicas mais saudáveis. É um dos fatores que aumenta o risco de obesidade.

b) *Perde-se o contato familiar*: a criança que vê televisão demais tem menos contato com a família ou com outras crianças, isola-se mais, o que não é bom para seu desenvolvimento.

c) *Fica prejudicada com a publicidade*: a publicidade tem efeitos negativos – estimula o consumo de produtos supérfluos, desnecessários. As crianças querem ter tudo o que veem na televisão e se sentem insatisfeitas e frustradas se não conseguem o que querem.

O objetivo dos pais deve ser:

a) Evitar que a criança passe tempo demais na frente da televisão, nunca mais de uma hora por dia.

b) Evitar que a criança veja programas inadequados, com violência, sexo e falta de solidariedade.

As recomendações para evitar os efeitos nocivos da televisão são:

a) Controlar o conteúdo dos programas que as crianças veem. Se não forem adequados, eliminá-los e substituí-los por DVDs conhecidos.

b) Restringir o tempo de ver televisão a menos de uma hora por dia. Se for possível, acompanhar as crianças durante esse tempo e explicar a elas as dúvidas que possam ter.

c) Não ver televisão no horário das refeições. Além de não prestarem atenção ao ato de comer, as crianças podem alterar seus hábitos alimentares ao desejar os produtos anunciados.

d) Não colocar nenhum aparelho de televisão no quarto das crianças.

As crianças e a natação

VANTAGENS DA NATAÇÃO

Tanto saber nadar quanto a natação do ponto de vista esportivo têm muita importância. Se a criança souber nadar, serão evitados os acidentes por submersão na água (afogamento por submersão), bastante frequentes na infância (ver o item "Como evitar os acidentes domésticos?"). Além disso, a natação é um excelente esporte, já que favorece o desenvolvimento físico harmônico e melhora a saúde corporal.

A natação é um esporte especialmente recomendado para crianças com algum problema de coluna vertebral, como escoliose. É um exercício suave e quase sem possibilidade de lesões, por isso é adequado para as crianças com problemas musculares, para as obesas ou com sobrepeso, assim como para as que querem evitar esportes de alto impacto, como o futebol.

Em suma, pode-se dizer que é muito conveniente que a criança aprenda a nadar e que pratique a natação com frequência.

QUANDO AS CRIANÇAS PODEM APRENDER A NADAR?

Para aprender a nadar é preciso que os músculos da criança tenham adquirido certa maturidade e que o desenvolvimento da coordenação entre eles tenha sido correto. Esse desenvolvimento psicomotor é necessário para aprender todas as funções corporais, seja para comer o alimento com colher, seja para subir escadas, seja para andar de bicicleta. No caso da natação, o organismo não está suficientemente desenvolvido para aprendê-la antes dos 4 anos. As crianças devem começar suas aulas de natação entre os 4 e os 5 anos, mas não antes. No entanto, há uma atividade aquática que pode ser praticada desde os 6 meses de idade, embora seus benefícios sejam muito discutidos pela maioria dos pediatras: a natação para bebês.

Natação para bebês

O bebê de poucos meses tem alguns reflexos automáticos (automatismos), que, se forem estimulados e potencializados, permitem que ele boie e deslize na água. A natação para bebês é uma técnica que potencializa os reflexos inatos da criança para se manter na água. Com ela, o bebê não aprende a nadar, porém se sente mais seguro na água.

Os adeptos da natação para bebês afirmam que sua prática desenvolve melhor a coordenação de movimentos e faz o bebê se divertir. Também argumentam que o bebê acostumado com a água desenvolve a habilidade de sobrevivência e tem menos risco de se afogar se cair acidentalmente em uma piscina (submersão). No entanto, isso não foi demonstrado, já que os estudos científicos indicam que não foram reduzidas as mortes por afogamento no grupo de crianças que fizeram os cursos de natação para bebês. O que realmente diminui o risco de acidentes é manter as crianças pequenas afastadas de tanques, rios e piscinas.

Inconvenientes da natação para bebês

A natação para bebês tem perigos e inconvenientes, como:

a) *Perigo de esfriamento (hipotermia) ou de ter resfriados*: embora a água e o meio ambiente devam estar a uma temperatura adequada, nem sempre é assim e muitos bebês são afetados pelas mudanças térmicas.

b) *Perigo de irritação das mucosas pelo cloro*: o cloro das piscinas, necessário para mantê-las sem microrganismos, irrita tanto os olhos quanto as vias respiratórias, e pode ocasionar conjuntivite e tosse.

c) *Perigo de distração e afogamento*: é preciso estar atento a todo momento porque o bebê que fica na água corre sempre o risco de ter um imprevisto grave.

Ciúme entre irmãos

O ciúme é um sentimento totalmente normal em todas as idades, em crianças e em adultos. Aparece em consequência do instinto natural da pessoa, que acha que outras pessoas invadem seu território emocional e tem que defendê-lo.

Nas crianças é muito frequente o ciúme com a chegada de um novo irmão ou irmã, sobretudo nos primogênitos. A atenção dos pais é dedicada ao recém-nascido e a criança se sente "o príncipe destronado", teme perder sua situação de privilégio emocional e familiar. A maneira de manifestar o desagrado que o ciúme produz é muito variável:

a) Hostilidade para com o novo bebê, seja verbal, seja com atitudes agressivas.

b) Hostilidade para com os pais, manifestada pela desobediência contínua e pela oposição a tudo o que lhe é dito.

c) Mudança de caráter e regressão do comportamento: a criança pode tornar-se chorona, apegar-se constantemente à mãe e ficar mais triste. A conduta regressiva manifesta-se porque ela volta a pedir a chupeta, a mamadeira, as papinhas etc., como faz seu novo irmão, ou volta a fazer xixi na roupa quando já controlava os esfíncteres. Em geral regride para condutas que já tinha deixado para trás em seu desenvolvimento psicomotor.

O ciúme entre irmãos implica uma situação problemática familiar, que deve ser corrigida e, se possível, prevenida com antecedência. Pode-se preveni-la tomando uma série de medidas antes da chegada do novo bebê:

1. Quando a gravidez já estiver avançada, falar com a criança para explicar-lhe a nova situação, de acordo com sua idade e seu nível de compreensão. É preciso avisá-la

sobre os acontecimentos futuros, o que vai acarretar na vida diária, e lembrar os momentos em que a própria criança também nasceu e foi acolhida com amor e com muitos cuidados por parte de todos.

2. Fazer que ela participe ativamente dos preparativos, das mudanças na casa, da nova roupa, informá-la sobre quem irá cuidar dela enquanto a mamãe estiver no hospital. Ela deve entender que são necessárias as atenções de todos e que o novo bebê precisará também de seus cuidados.

3. Estimular o contato progressivo com outros familiares e com outras crianças para que não se sinta privada ou excluída.

Se, apesar dessas medidas preventivas, a criança manifestar ciúme com a chegada do novo irmão, é fundamental tomar medidas para que essa conduta desapareça e não chegue a se transformar em um problema mais grave. Os pais devem admitir o ciúme como algo natural, mas que é preciso corrigir, e ficar totalmente de acordo entre si para que sua atitude seja uniforme em relação ao que deve ser feito e ao que não deve ser feito.

O QUE NÃO DEVE SER FEITO EM CASO DE CIÚME

a) Ser rígidos e exigentes demais com a criança, tornando-a responsável pelo cuidado do bebê.

b) Ser intolerantes, brigar demais com ela, ridicularizar a criança imitando-a ou comentar suas dificuldades com outras pessoas, na presença dela.

c) Manifestar preferências ou esconder o sentimento amoroso tanto para com o novo bebê quanto para com a criança. É preciso dar atenção aos dois de modo natural, conforme as necessidades de cada um, mas sem pretender igualá-los.

d) A criança deve aprender que os choros, as birras e a conduta inadequada constituem um comportamento que não lhe trará benefícios. Não se deve responder dedicando-lhe mais atenção, e sim, pelo contrário, dando-lhe menos importância enquanto durar o choro para não reforçar com prêmio a conduta incorreta.

O QUE DEVE SER FEITO EM CASO DE CIÚME

a) Tornar a criança participante de todas as atenções e cuidados para com o novo bebê a fim de que compartilhe o amor e não se sinta excluída.

b) Permitir que a criança expresse seu mal-estar ou suas queixas, mas explicando-lhe bem que elas não têm fundamento.

c) Estabelecer algumas regras de comportamento simples, mas claras, que a criança possa cumprir. Deve-se premiar a conduta positiva com mais atenção, carinho e presentes, mas também repreender a conduta negativa.

Birras

A educação da criança é um processo contínuo, desde os primeiros meses e anos de vida, e, em síntese, consiste na aquisição das normas de conduta adequadas. A educação precisa combinar duas necessidades:

a) Estimular a criança a crescer e desenvolver sua personalidade, para o que ela necessita de liberdade e de autonomia crescentes.

b) Estabelecer regras, limites e normas para que a criança aprenda o que pode e o que não pode fazer em cada circunstância.

O estabelecimento de normas de conduta claras cria um ambiente de segurança psicológica necessário para o desenvolvimento da autonomia. As normas devem ser explicadas de acordo com o grau de desenvolvimento evolutivo da criança para que sejam compreendidas e aceitas. Desde os primeiros anos de vida os pais devem estimular e premiar efetivamente as condutas positivas, bem como desestimular as condutas negativas.

Os pais devem exercer o controle e a autoridade de maneira carinhosa e afetiva, mas com firmeza e segurança, evitando a superproteção. Desse modo, a criança aceita e interioriza a norma, que progressivamente se transforma em uma conduta adequada própria.

A birra é uma reação infantil extrema que aparece quando a criança não é capaz de controlar sua frustração ou sua raiva, por isso manifesta seu aborrecimento com gritos ou esperneando. Em suma, é uma conduta inadequada que deve ser corrigida. A irritação ou o aborrecimento da criança devem ser aceitos como normais em situações em que seus desejos não são realizados ou ela não consegue o que pretende, mas não se deve aceitar a birra porque implica um descontrole e uma conduta de chantagem que tenta obter um benefício. Se os pais admitem a birra, a criança continuará a usar esse recurso e aumentará os episódios em número e em violência para conseguir mais atenção ou novos benefícios. A conduta adequada perante uma birra é a seguinte:

a) Responder com calma, sem irritação, mas com total firmeza para não ceder aos desejos da criança, expressos por uma conduta incorreta.

b) Se a birra for feita fora de casa, em lugar público, deve-se manter o controle da situação levando a criança para um local afastado para que o meio seja menos violento e ajude a criança a ficar relaxada.

c) Nunca se deve bater nela ou sacudi-la. É preciso acalmá-la e ao mesmo tempo explicar-lhe carinhosa mas firmemente por que seus desejos não podem ser satisfeitos. As explicações devem ser repetidas todas as vezes que for necessário.

d) Se a birra for feita em casa, deve-se ignorar o comportamento da criança, sem prestar atenção nela, até que se acalme totalmente. Depois, de forma carinhosa, explicar-lhe por que não pode ser realizado o que ela quer. Também deve-se explicar a ela, com firmeza, que esse é um comportamento inadequado.

e) Nunca se deve premiar a birra prestando grande atenção à criança ou realizando seus desejos. Ela deve entender de modo prático que não pode conseguir nada com uma conduta incorreta ou deixando de cumprir as normas. Aceitar seus caprichos constitui uma má educação, que prejudica seu progresso como pessoa e seu desenvolvimento psíquico.

Para modificar e corrigir os comportamentos negativos, como as birras, é preciso recorrer a "reforços negativos" ou sanções. Eles consistem basicamente em não atender a criança nesses momentos, afastando-se fisicamente enquanto durar o comportamento negativo. Por outro lado, o comportamento positivo deve ser recompensado com maior atenção, com mostras de grande afeto, elogiando os esforços e as conquistas da criança, e também com recompensas e prêmios.

Como evitar os acidentes domésticos?

As lesões acidentais são muito frequentes nas crianças e, no entanto, podem ser evitadas tomando algumas medidas preventivas simples.

A criança pequena e sobretudo o lactente estão continuamente expostos a fatores que podem prejudicá-los e, portanto, precisam da vigilância e da proteção constante do adulto. A prevenção dos acidentes das crianças tem dois aspectos:

a) A conscientização e a educação tanto de pais como dos que cuidam da criança para a vigilância constante dela, evitando as situações de risco.

b) A mudança do ambiente da criança para torná-lo mais seguro.

Descreveremos as medidas mais importantes que devem ser tomadas para evitar os acidentes mais frequentes.

ACIDENTES POR ENGASGO

O engasgo é a passagem para as vias respiratórias (a traqueia) de um corpo estranho que as obstrui, o que impede a passagem do ar e pode chegar a asfixiar a criança. As crianças pequenas correm o risco de engasgar porque ainda não coordenam bem as funções de respirar e de engolir, por isso qualquer objeto pequeno que esteja em sua boca pode engasgá-las e asfixiá-las.

A principal medida para evitar o engasgo é impedir que a criança tenha a seu alcance objetos pequenos, menores que o tamanho de sua boca. Devem ser evitados os brinquedos pequenos, as bolinhas, os botões, as moedas, os frutos secos e sobretudo os alfinetes de bebê e as agulhas, que também podem espetar e cortar.

ACIDENTES POR ASFIXIA

A asfixia é a obstrução da entrada de ar para respirar produzida por um objeto que tape a boca ou o nariz. É muito perigosa porque bastam uns poucos minutos sem poder respirar para produzir lesões por falta de oxigênio e até a morte.

Os lactentes podem asfixiar-se com travesseiros ou almofadas, que devem ser evitados. Nas crianças pequenas uma possibilidade frequente de asfixia são os saquinhos plásticos dos supermercados. Se enfiarem a cabeça no saquinho, o plástico gruda no rosto e pode asfixiar. Deve-se ter o cuidado de não deixar os saquinhos plásticos ao alcance das crianças.

ACIDENTES POR QUEDAS

As quedas provocam traumatismos e lesões em qualquer parte do corpo. As mais perigosas são as que afetam a cabeça (traumatismo cranioencefálico), que podem lesar o cérebro se a criança for muito pequena ou a pancada for muito intensa.

O lactente que já engatinha e a criança pequena que ainda anda com insegurança estão mais expostos a quedas. Para evitá-las, devem-se tomar essas medidas:

a) Evitar pisos escorregadios e tapetes soltos.

b) Evitar degraus ou desníveis.

c) Proteger as beiradas dos móveis com um acolchoado.

d) O quarto deve ficar fechado e sem acesso a escadas.

e) As janelas, varandas e terraços devem ter grades altas e sem possibilidade de subir.

f) Não deixar a criança sozinha em cima de uma cama ou de qualquer outro lugar alto.

O andador não é recomendado, pois pode virar.

ACIDENTES POR QUEIMADURAS

As queimaduras são acidentes graves, algumas vezes mortais, e na melhor das hipóteses deixam cicatrizes deformantes.

Os dois tipos de acidente por queimaduras são:

a) *Incêndios em casa*: não são frequentes, mas podem ser catastróficos. Deve-se reduzir a possibilidade de ocorrência de incêndios não deixando as crianças brincar com isqueiros e eliminando o hábito de fumar em casa. As tomadas, os cabos elétricos e aquecedores devem ficar protegidos.

b) *Queimaduras por líquidos quentes*: são comuns na cozinha, ou porque a criança vira a concha do líquido quente ou porque derrama o conteúdo da frigideira. A prevenção mais eficaz é impedir o acesso da criança às áreas perigosas, principalmente a cozinha.

ACIDENTES POR INTOXICAÇÕES

As intoxicações infantis mais frequentes ocorrem pela ingestão de medicamentos e produtos de limpeza. A principal medida preventiva é tomar consciência de que existe essa possibilidade e evitar que tanto uns quanto outros estejam ao alcance da criança. As medidas básicas são:

a) Que os medicamentos e os produtos de limpeza tenham embalagens de segurança, difíceis de abrir pelas crianças.

b) Que os medicamentos e os produtos de limpeza estejam localizados em armários altos, fechados com chave e nunca ao alcance das crianças.

Acidentes fora do lar

Os mais frequentes são os de trânsito, dentro do carro ou por atropelamento, e os afogamentos em piscinas.

Dentro do carro, as crianças devem ir bem presas em uma cadeira apropriada, e não no colo de um adulto.

Os atropelamentos podem ser evitados impedindo que a criança brinque nas ruas ou as atravesse. A criança deve brincar em parques públicos fechados e sempre vigiada.

O melhor método de prevenir o afogamento em piscinas e tanques é manter a criança longe da água, de modo que seja impossível o acesso a eles.

Vacinações

A vacinação é um dos grandes avanços da medicina moderna e o meio mais eficaz e seguro de evitar algumas doenças infecciosas. Vacinar corretamente a criança é uma das obrigações mais importantes que tanto os pais quanto o sistema de saúde têm.

O que são as vacinas?

As vacinas são obtidas nos laboratórios a partir dos próprios microrganismos causadores da doença, que são inativados ou mortos para não causar nenhum dano, sem perder a capacidade de produzir uma reação de defesa no organismo quando injetados. Algumas são fabricadas com técnicas de bioengenharia genética (DNA recombinante). As vacinas provocam a criação de anticorpos contra os microrganismos, dotando a criança de defesas que a impedem de ficar doente ao entrar em contato com esses mesmos microrganismos.

A vacinação em massa de toda a população contra determinada doença infecciosa pode levar ao desaparecimento dessa doença. Isso já aconteceu há anos com o que antes era uma doença terrível: a varíola. Como as gerações anteriores foram vacinadas contra a varíola, a vacina deixou de ser necessária, pois a doença já não existe. Outras doenças, como a poliomielite, o sarampo, a difteria ou a hepatite B, estão diminuindo notavelmente de frequência, e até estão em vias de desaparecimento, em virtude da vacinação de quase todas as crianças. Infelizmente, para várias outras doenças ainda não existem vacinas eficazes.

Por que é necessário vacinar?

As vacinas são necessárias e obrigatórias para todas as crianças, exceto para algumas em circunstâncias muito especiais (imunossupressão). Se a criança deixa de ser vacinada, apesar da existência de uma vacina eficaz, um dano potencial está sendo causado a ela, já que fica exposta à doença, com todas as suas consequências negativas.

Há um calendário de vacinação em que se especificam todas as vacinas e a idade em que devem ser ministradas. A maioria das vacinas requer a repetição de várias doses, com um intervalo fixo entre elas, para aumentar a produção de anticorpos de defesa. Todas as crianças devem ter a Carteira Nacional de Vacinação, uma caderneta onde são anotadas as datas em que se recebe cada dose de vacina. Muitas vacinas são associadas a outras, de modo que uma única aplicação imuniza contra várias doenças.

Se por algum motivo não se recebe uma dose de vacina na idade indicada no calendário, ela deve ser dada assim que possível, mesmo com atraso. Nunca se deve deixar de dar uma vacina, ainda que tenha passado da idade recomendada. Para casos específicos, é preciso consultar o pediatra.

EFEITOS ADVERSOS E PRECAUÇÕES NA VACINAÇÃO

As vacinas atuais, além de eficazes, são muito seguras e poucas vezes causam reações ou efeitos adversos. As vantagens e os benefícios obtidos com a vacinação superam amplamente a possibilidade de um efeito secundário.

A vacinação pode causar uma reação local, no lugar onde foi aplicada, que pode ficar ligeiramente inchado e doer ao ser tocado. A criança pode sentir-se indisposta, chorar mais ou ter um pouco de febre, mas em geral não é necessário nenhum tratamento e a reação desaparece no dia seguinte. Excepcionalmente a vacinação pode provocar uma reação grave que precise de tratamento médico imediato.

Para diminuir a possibilidade de reações à vacina, recomendam-se as seguintes precauções:

a) Não vacinar se a criança sofrer de alguma doença grave. O pediatra indicará em cada caso específico.

b) Não vacinar se a criança estiver com febre decorrente de uma doença infecciosa.

c) Consultar o pediatra antes da vacinação, caso a criança tenha tido uma reação grave de uma vacina anterior.

Deve-se vacinar, e não atrasar a vacinação, nos seguintes casos:

a) Na criança saudável que tem um resfriado leve, com catarro, mas sem febre.

b) Na criança saudável que sofre de diarreia leve, sem alteração do estado geral.

c) Na criança que teve uma reação leve de uma vacina anterior.

d) Na criança que nasceu prematuramente.

e) Em qualquer época do ano, até nos meses quentes.

DOENÇAS QUE PODEM SER PREVENIDAS COM A VACINAÇÃO

Cada país costuma ter seu próprio calendário de vacinação. Desde 2004, o Brasil adota três calendários obrigatórios de vacinação: o da criança, o do adolescente e o do adulto e idoso. As doenças apresentadas a seguir dispõem de vacinas eficazes.

Hepatite B

A vacinação completa requer três doses. A primeira dose da vacina contra a hepatite B é administrada logo ao nascer, nas primeiras 12 horas de vida do recém-nascido. A segunda dose é dada após 30 dias e a terceira dose aos 6 meses de vida.

As crianças que, por qualquer motivo, não receberam a primeira dose da vacina nos primeiros dias de vida, devem receber a primeira dose aos 2 meses de idade, a segunda dose aos 4 meses e a terceira dose aos 6 meses.

As crianças nascidas de mãe portadora do vírus da hepatite B devem seguir um protocolo especial (ver o capítulo 25). As crianças não vacinadas durante o primeiro ano de vida, por qualquer circunstância, ainda podem ser vacinadas durante a pré-adolescência, de preferência entre os 11 e os 12 anos. Devem ser administradas também três doses de vacina.

Poliomielite

A vacinação oral contra a poliomielite (VOP ou SALK) completa requer três doses aplicadas aos 2, 4 e 6 meses, e um reforço, aplicado entre os 15 e os 18 meses. Além disso, a criança menor de 5 anos deverá receber doses extras, durante as campanhas nacionais de vacinação, realizadas anualmente.

Difteria, tétano, coqueluche, meningite e outras infecções causadas pelo Haemophilus influenzae *tipo b*

A imunização contra essas doenças é feita em uma única vacina, conhecida como tetravalente. A vacinação completa requer três doses, aos 2, 4 e 6 meses. Depois dessas doses, são essenciais os dois reforços da vacina tríplice bacteriana (DTP), que protege contra difteria, tétano e coqueluche. O primeiro reforço deve ser feito aos 15 meses e o segundo, entre os 4 e os 6 anos. Para manter ativa e eficaz a vacinação, convém que durante toda a vida adulta seja aplicada uma dose de reforço a cada dez anos. O primeiro reforço deve ser dado entre os 13 e os 16 anos.

Meningococo C

A vacinação completa contra o meningococo C requer duas doses mais um reforço no primeiro ano de vida da criança. Se não foi possível vacinar durante o primeiro ano, aconselha-se aplicar a vacina em idades posteriores. Em crianças maiores de um ano ainda não vacinadas, a dose é única (ver o capítulo 28). Só recentemente passou a ser incluída no calendário de vacinação obrigatória do Brasil.

Sarampo, rubéola e caxumba

São aplicadas juntas na chamada tríplice viral. É necessária apenas uma dose, aos 12 meses de idade, com um reforço entre os 4 e os 6 anos.

Pneumococo

O pneumococo (*Streptococcus pneumoniae*) é uma bactéria muito patogênica que tem vários tipos ou cepas. Na atualidade, dispõe-se de uma vacina muito eficaz, mas que abrange apenas 10 cepas, chamada de pneumocócica 10-valente*. Previne meningites bacterianas, pneumonias, sinusite, inflamação do ouvido e bacteremia (presença de bactérias vivas no sangue). A vacinação completa requer três doses, mais um reforço durante o primeiro ano de vida.

Febre amarela

A vacinação contra febre amarela precisa de uma dose inicial, aplicada aos 9 meses de idade, e de um reforço aos 10 anos de idade**.

---

* No Brasil, existe também uma 13-valente. (N. do R. T.)
** No Brasil, só é obrigatória em áreas de risco. (N. do R. T.)

CALENDÁRIO DE

COMO ERA

IDADE	VACINA	DOSE
Ao nascer	BCG - ID	Dose única
	Hepatite B – 6 meses	1.ª dose
1 mês	Hepatite B – 6 meses	2.ª dose
2 meses	Tetravalente (DTP +Hib)	1.ª dose
	Vacina oral poliomielite	
	Vacina oral rotavírus humano	
	Vacina pneumocócica 10	
3 meses	Vacina meningocócica C	1.ª dose
4 meses	Tetravalente (DTP+Hib)	2.ª dose
	Vacinal oral poliomielite	
	Vacina oral rotavírus humano	
	Vacina pneumocócica 10	
5 meses	Meningocócica C	1.ª dose
6 meses	Hepatite B – 6 meses	3.ª dose
	Vacina oral poliomielite	
	Tetravalente (DTP+Hib)	
	Vacina pneumocócica 10	
9 meses	Febre amarela	Dose inicial
12 meses	Tríplice viral	1.ª dose
	Vacina pneumocócica 10	Reforço
15 meses	Tríplice bacteriana (DTP)	1.º reforço
	Vacina oral poliomielite	Reforço
	Meningocócica C	
4 anos	Tríplice bacteriana (DTP)	2.º reforço
	Tríplice viral	2.ª dose
10 anos	Febre amarela	Uma dose a cada dez anos

CAMPANHAS NACIONAIS

Menores de 5 anos	Vacina oral de poliomielite	
De 6 meses a menores de 2 anos	Vacina Influenza (gripe)	

Fonte: Brasil. Ministério da Saúde. *Calendário Básico de Vacinação da Criança*.
Disponível em: www.saude.gov.br./portal/saude/arquivos/pdf/2012/jan/18/calendario_180112.pdf

VACINAÇÃO INFANTIL

COMO FICA (ATUALIZAÇÃO 2012)

IDADE	VACINA	DOSE
Ao nascer	BCG – ID	Dose única
	Hepatite B – 6 meses	1.ª dose
2 meses	Tetravalente (DTP +Hib)	
	Vacina oral poliomielite	
	Vacina oral rotavírus humano	
	Vacina pneumocócica 10	
3 meses	Vacina meningocócica C	1.ª dose
4 meses	Pentavalente (DTP+Hib+HB)	2.ª dose
	Vacina poliomielite inativada	
	Vacina oral rotavírus humano	
	Vacina pneumocócica 10	
5 meses	Meningocócica C	1.ª dose
6 meses	Pentavalente (DTP+Hib+HB)	3.ª dose
	Vacina oral poliomelite	
	Vacina pneumocócica 10	
9 meses	Febre amarela	Dose inicial
12 meses	Tríplice viral	1.ª dose
	Vacina pneumocócica 10	Reforço
15 meses	Tríplice bacteriana (DTP)	1.º reforço
	Vacina oral poliomielite	Reforço
	Meningocócica C	
4 anos	Tríplice bacteriana (DTP)	2.º reforço
	Tríplice viral	2.ª dose
10 anos	Febre amarela	Uma dose a cada dez anos

PARA CRIANÇAS

Menores de 5 anos	Vacina oral de poliomielite	
De 6 meses a menores de 2 anos	Vacina Influenza (gripe)	

315

Índice analítico

Acidentes, prevenção de, 303-4
Acinéticas, crises, 186
Adenoides grandes, 70, 83, 84
   sintomas das, 117
   tratamento das, 119-20
Adenopatias, 70-2
Aleitamento materno, 270-1
Alimentação, 272-9
   do diabético, 158
   do pré-escolar e escolar, 275-7
   durante o primeiro ano, 273
Amígdalas, 203-6
Amigdalite de repetição, 205
Apendicite aguda, 48-9
   o que é, 48-9
   o que fazer, 50-1
   o que não fazer, 50
Asfixia, prevenção da, 304
Asma, 121-9
   como tratar, 125
   consequências da, 128
   por que ocorre, 122
   o que é, 121
   quando suspeitar, 124
Atenção, déficit de, 111
Aura epiléptica, 186
Ausências epilépticas, 185

Banho do bebê, 268
Berço do bebê, 269
Birras, 300-3
Broncospasmo, 135
Bronquiolite, 130-6
   como se origina, 130
   grave, 132
   o que fazer na, 131
   prevenção, 134-5
   sintomas, 131

Cabeça, dor de, 62-7
   causas, 63-6
   sinais de alerta, 67
   tipos, 63, 65
Calendário de vacinação, 314-5
Cardápios saudáveis, 278-9
Caxumba, vacina, 313, 314
Cefaleia tensional, 63
Cetonúria, 165
Cetose, 165
Choro, 3-4
   do bebê, 3-4
   da criança, 8-9
   por doença, 9-10
Chupeta, 103-4
Cistite, 214-9
Ciúme entre irmãos, 297-8

Cólica do lactente, 4
  causas da, 5-6
  o que fazer na, 6-8
Comportamento, 300-3
  adequado, 300-3
  do recém-nascido, 266
  inadequado, 300-3
Convulsão febril, 54
  consequências, 59-60
  por que ocorre, 56-7
  o que fazer na, 59-60
Coto umbilical, 267-8
Crises epilépticas, 182-4
  generalizadas, 183
  parciais, 182
Crupe, 220-4
Cuidados com o recém-nascido, 265-6

Dentes, 100-3
Desenvolvimento:
  motor, 283-7
  social, 288-9
Desidratação, 30
Desmaio, 87-90
  características, 89
  causas de, 87-8
  o que fazer em caso de, 89
Diabetes infantil, 137-60
  alimentação, 158-62
  autocontrole, 154
  complicações, 160-1
  exercício físico, 162-3
  por que ocorre, 140-1
  tratamento, 151
Diarreia, 26-43
  transmissão da, 29
  dieta durante a, 32-3
  o que se deve fazer na, 30-1
  o que não se deve fazer na, 33-4
  sinais de alerta na, 34
Diazepam, 58
Difteria, vacina contra a, 312
Doença celíaca, 172-80
  prevenção, 174
  o que é a, 172-4
  sintomas, 175
  sintomas, tratamento, 178-9
Dor abdominal, 45-8
  crônica, 52-3
  da criança pequena, 47-8
  preocupante, 45-6

Educar, 289-90
Eletroencefalograma, 191-2
Engasgo, prevenção do, 304
Enurese noturna, 76-8
  o que é, 76-7
  tratamento, 78
Enxaqueca, 65-6
Epilepsia, 191-7
  causa, 188-9
  diagnóstico, 190
  prognóstico, 197
  o que é, 181-2
  tratamento, 192-3
Eritema infeccioso, 198-9
Escarlatina, 200-1
Escolar, alimentação do, 275-6
Esfíncteres, controle de, 73-4
Espasmos epilépticos, 185
Estado epiléptico, 186-7
Evacuações do lactente, 26-7
Exantema súbito, 199
Exercício físico, 281
  no diabetes, 162
  na obesidade, 281

Faringoamigdalite, 203-6
  causas, 203
  sintomas, 204
  tratamento, 204-5
Febre, 10-7
  alta, 13-4
  causas de, 15-6
  graus de, 12-3
Fibra, 39
Fimose, 107
Fralda, retirada da, 74-5

Gânglios linfáticos, 70
Giárdias, 242-3
Gliadina, 174
Glicemia, 155
Glicosúria, 157
Glucagon, 139
Glúten, 172-3
Guia de saúde, 263-315

Haemophilus influenziae, vacina, 312
Hepatite, 207-13
  A, 208
  B, 208
  causas de, 207
  prevenção, 211-2
  sintomas, 209-10
  tratamento, 211-2
  vacina, 272-3, 211-2, 311
Hérnias, 68-9
  inguinais, 69
  umbilicais, 69
Hiperatividade, transtorno por, 111-6
  causas, 113
  consequências, 113-4
  tratamento, 114-5

Hiperglicemia, 139-40, 154-5
Hipoglicemia, 167-8
  no diabetes, 168
  prevenção, 169

Ibuprofeno, 14
Inaladores, na asma, 127
Inchaços, 68-72
Infecção urinária, 214-9
  causas, 124
  prevenção, 218
  sintomas, 215
  tratamento, 217-8
Insônia, 95-6
  causa, 95-6
  tratamento, 96-7
Insulina, 137-8
  tipos de, 144-6
  injeção de, 150
  misturas de, 149-50
  o que é, 137-8
  uso de, 146-8
Intoxicações, prevenção, 306
Invaginação intestinal, 47

Laringite, 220-4
  como identificar a, 221
  o que é, 220
  o que fazer, 222
  o que não fazer, 223-4
Leite, 271
  fórmula infantil apropriada, 27, 274
  de vaca, 29, 158, 275, 278
  materno, 271-3
Linguagem, desenvolvimento da, 286-7
Líquido cefalorraquidiano, 230
Lombar, punção, 231

Má oclusão dentária, 102
Materna, lactância, 270-3
Medicamentos antiepilépticos, 192
Meningite, 225-34
  bacteriana, 225-31
  como identificar a, 228-9
  como ocorre a, 227
  prevenção da, 233
  o que é a, 225-6
  tratamento da, 231
  viral, 232
Mioclônicas, crises, 184-5
Mononucleose infecciosa, 72
Motor, desenvolvimento, 283-4

Natação para bebês, 296
Natação, as crianças e a, 295-6

Obesidade, prevenção da, 280-1
Otite externa, 235-41
Otite média, 237-9
  causas, 237-8
  complicações, 240
  prevenção, 241
  o que fazer na, 239
  o que não fazer na, 240
  sintomas, 238-9
Ovos, 161, 179, 274, 161, 179, 274
Oxiúros, 243

Pâncreas, 139
Papinhas, 273-4
Paracetamol, 14
Parasitas intestinais, 242-5
Parasonias, 98-99
Pele, cuidados com a, 268-9
Perda de fôlego, 105-6

Petéquias, 230
Pielonefrite, 47, 214-5
Pleural, derrame, 251
Pneumococo, vacina, 313
Pneumonia, 246-52
  causa, 246
  complicações, 251
  sintomas, 248-9
  tratamento, 250
Poliomielite, vacina, 312
Posição para dormir, 270
Pré-escolar, alimentação do, 275-8
Prisão de ventre, 35-44
  causas, 36-7
  prevenção, 39-40
  sinais de alerta, 43
  sintomas, 38
  tratamento, 42

Quarto do bebê, 269
Quedas, prevenção das, 305
Queimaduras, prevenção, 306

Recém-nascido, 265-73
  banho do, 268
  comportamento do, 266
  cuidados com o, 267-8
  quarto, 269
  posição para dormir, 270
Refluxo gastroesofágico, 19
Regurgitação, 18
Resfriado comum, 253
  complicações, 256
  por que ocorre, 253
  prevenção, 256-7
  o que fazer no, 255
Rotavírus, 28
Rubéola, vacina, 313

Sapatos, 291-2
Sarampo, vacina, 313
Septicemia meningocócica, 229-30
Soluções de reidratação, 31
Sonambulismo, 99
Sono, 91-9
  aprendizagem do, 93-4
  horas de, 91-2

Televisão, as crianças e a, 292-3
Temperatura corporal, 10
Terrores noturnos, 99
Tétano, vacina, 312
Tosse, 80-6
  aguda, 81
  branda, 84
  causas, 81-3
  crônica, 83
  de cachorro, 82
  coqueluche, vacina, 312
  seca, 82
  tratamento, 84

Tuba auditiva, 117, 118, 236, 237, 239

Vacinas, 308-15
Varicela, 258-61
  contágio, 259
  prevenção, 260
  sintomas, 258
  tratamento, 260
  vacina, 261
Vertigem, 87-90
Vírus sincicial respiratório, 121, 130, 134, 246
Volvo intestinal, 48
Vômito, 18-25
  alimentar, 21-2
  bilioso, 25
  com catarro, 20
  fecaloide, 25
  grave, 24-5
  hemático, 24
  provocado, 20
  repetitivo, 23